LIVRO DE ORAÇÕES PARA MULHERES JOVENS

LIVRO DE ORAÇÕES PARA MULHERES JOVENS

—

STORMIE OMARTIAN
PAIGE OMARTIAN

Traduzido por Maria Emília de Oliveira

Copyright © 2013 por Stormie Omartian e Paige Omartian
Publicado originalmente por Harvest House Publishers, Eugene, Oregon, EUA.

Os textos das referências bíblicas foram extraídos da *Nova Versão Transformadora* (NVT), da Editora Mundo Cristão (usado com permissão da Tyndale House Publishers, Inc.), salvo indicação específica.

Todos os direitos reservados e protegidos pela Lei 9.610, de 19/02/1998.

É expressamente proibida a reprodução total ou parcial deste livro, por quaisquer meios (eletrônicos, mecânicos, fotográficos, gravação e outros), sem prévia autorização, por escrito, da editora.

Edição
Daniel Faria

Revisão
Natália Custódio

Produção
Felipe Marques

Colaboração
Ana Luiza Ferreira

Capa
Rafael Brum

CIP-Brasil. Catalogação na publicação
Sindicato Nacional dos Editores de Livros, RJ

O64L

    Omartian, Stormie
    Livro de orações para mulheres jovens / Stormie Omartian, Paige Omartian ; tradução Maria Emília de Oliveira. - 1. ed. - São Paulo : Mundo Cristão, 2021.
    176 p. ; 15 cm.

    Tradução de: A book of prayers for young women
    ISBN 978-85-433-0483-0

    1. Mulheres - Orações e devoções. 2. Adolescentes - Orações e devoções. I. Omartian, Paige. II. Oliveira, Maria Emília de. III. Título.

19-60085   CDD: 242.643
                  CDU: 27-583-055.25

Publicado no Brasil com todos os direitos reservados por:

Editora Mundo Cristão
Rua Antônio Carlos Tacconi, 69
São Paulo, SP, Brasil
CEP 04810-020
Telefone: (11) 2127-4147
www.mundocristao.com.br

Categoria: Oração
1ª edição: janeiro de 2021

Sumário

Por que escrevemos este livro em parceria	11
1. Senhor, ajuda-me a te buscar	19
2. Rejeitando o medo da rejeição	20
3. Quero ser bela	21
4. Confiando em Deus em tempos de perda	22
5. Obsessão por fazer planos	23
6. Vendo a situação sob a perspectiva de Deus	24
7. Sinto que não estou cumprindo meu dever	25
8. Entregando minha vida ao Senhor	26
9. Sou tua serva	27
10. Quando eu preciso perdoar	28
11. Quero apenas amar	29
12. Ajuda-me a me afastar do pecado	30
13. Preciso de amigas piedosas	31
14. Encontrando minha identidade no Senhor	32
15. Sinto-me fracassada	33
16. Demonstrando amor aos outros	34
17. Propósito em minhas imperfeições	35
18. Quando sinto ansiedade	36
19. Senhor, usa-me para mudar o mundo	37
20. Quero estar perto de Deus	38
21. Ajuda-me a não fazer concessões	39
22. Às vezes tenho dificuldade para orar	40
23. Fujo em direção a ti	41
24. Quando estou desencorajada	42

25. Recuperando o que perdi 43
26. Fui criada para coisas boas 44
27. Senhor, orienta minhas escolhas 45
28. Dizendo palavras que agradam a Deus 46
29. Sendo uma mulher íntegra 47
30. Rejeitando pensamentos negativos a meu respeito 48
31. Preciso enxergar a realidade 49
32. Quando a vida se torna sufocante 50
33. Tu és meu Pai 51
34. Quando meu coração está aflito 52
35. Acumulando tesouros no céu 53
36. Assumindo o controle de meus pensamentos 54
37. Falta-me esperança 55
38. Louvando a Deus em qualquer circunstância 56
39. Aguardando um marido 57
40. Caminhando rumo ao futuro que Deus
    tem para mim 58
41. Senhor, dá-me sabedoria 59
42. Como posso ver respostas às minhas orações? 60
43. Perdoando a mim mesma 61
44. Estabelecendo prioridades corretas 62
45. Senhor, revela meu orgulho 63
46. Quando não me sinto bem comigo 64
47. Dá-me discernimento 65
48. Vivendo com um coração agradecido 66
49. Senhor, mostra meus dons espirituais 67
50. Optando por andar no Espírito 68
51. Respeitando a mim mesma 69

52. Orando por pessoas problemáticas	70
53. Dá-me fé verdadeira	71
54. Evitando que as emoções governem meu dia	72
55. Senhor, dá-me confiança	73
56. Superando a pressão dos colegas	74
57. Enxergando-me através dos olhos de Deus	75
58. Quando minhas orações não são respondidas	76
59. Acende minha paixão	77
60. Curando um coração partido	78
61. Senhor, ajuda-me a ser pura	79
62. Livra-me da inveja	80
63. Senhor, necessito de cura	81
64. Não quero viver com medo	82
65. O que é amor verdadeiro?	83
66. Entendendo meu propósito	84
67. Ensina-me a fazer discípulos	85
68. Produzindo bom fruto	86
69. Promessas em meu sofrimento	87
70. Resistindo à tentação	88
71. Sou tua embaixadora	89
72. Recusando-me a entrar em desespero	90
73. Senhor, guarda meu coração	91
74. Tomando decisões sábias	92
75. Leva minha ira embora	93
76. Permanecendo firme em tempos difíceis	94
77. Mantém meus olhos fixos em ti	95
78. Estou preocupada com minha segurança	96
79. Ajuda-me a ser boa ouvinte	97

80. Purifica meus pensamentos … 98
81. Não me sinto à altura de teu chamado … 99
82. Fé para crer no impossível … 100
83. Mostra-me como devo viver … 101
84. O que há de mais difícil na oração … 102
85. Purifica minha mente, minha boca e meu coração … 103
86. Não quero me sentir indigna … 104
87. Ajuda-me a não julgar os outros … 105
88. Encontrando a vontade de Deus para minha vida … 106
89. Há um motivo para eu estar aqui … 107
90. Quero ver meu corpo como algo precioso … 108
91. Senhor, tu és imutável … 109
92. Guia-me no caminho certo … 110
93. Fortalece meu coração diante da tentação … 111
94. Escolhendo um novo começo … 112
95. Mostra-me qual é o meu propósito … 113
96. Encontrando liberdade no Senhor … 114
97. Sinto-me só … 115
98. Quero ter uma vida santa … 116
99. Enfrentando tribulações e tempos difíceis … 117
100. Em busca do verdadeiro sucesso … 118
101. Senhor, anseio estar perto de ti … 119
102. Quando me sinto sem forças … 120
103. Livra-me de minhas lamentações … 121
104. Como posso fazer diferença? … 122
105. Sinto-me deslocada … 123
106. Quando quero desistir … 124
107. Aguardando o futuro … 125

108. Tenho sonhos não realizados	126
109. Encontrando tua força em minha fraqueza	127
110. Vendo a luz de Deus em tempos de trevas	128
111. Quando me sinto envergonhada	129
112. Quero ser uma pessoa íntegra	130
113. Sou amada	131
114. Como devo honrar meus pais?	132
115. Estou muito inquieta	133
116. Deus me sustentará?	134
117. Senhor, prova meu coração	135
118. Encontrando favor em Deus e nos outros	136
119. Preserva minha reputação	137
120. Acolhendo a presença de Deus	138
121. Consome-me com teu fogo	139
122. Preservando os bons relacionamentos	140
123. Almejando a redenção	141
124. Quando tudo vai bem	142
125. Senhor, ajuda-me a ser autêntica	143
126. Dá-me um coração reto	144
127. Senhor, não permitas que eu seja morna	145
128. Fazendo da esperança um hábito	146
129. Deus, queres realmente me usar?	147
130. A oração que faz diferença	148
131. Ensina-me a ser agradável	149
132. Afasta-me dos relacionamentos destrutivos	150
133. Volto para ti	151
134. Identificando meu inimigo	152
135. À beira da rebelião	153

136. Aprendendo a orar primeiro 154
137. É melhor estar contigo que em outro lugar 155
138. Recusando que os outros definam quem eu sou 156
139. Estou muito insegura 157
140. Orando com outras pessoas 158
141. Senhor, estou com medo 159
142. Tu és tudo de que necessito 160
143. Senhor, salva meus amados 161
144. Aceitando o momento 162
145. Problemas com amigos 163
146. Orando por meu país 164
147. Senhor, envia-me uma mentora 165
148. Libertando-me dos vícios 166
149. Oração por uma amiga suicida 167
150. Ajuda-me a entender a Bíblia 168
151. Fazendo as pazes com os pais 169
152. Adorando a Deus como ele deseja 170
153. Quero ser luz 171
154. Transformando minha vida 172

Por que escrevemos este livro em parceria

A adolescência e o período dos 20 aos 30 anos foram os mais difíceis de minha vida. E não precisavam ter sido assim. Mas, na época, eu não tinha conhecimento disso. Fiz inúmeras escolhas erradas e paguei um preço alto por elas porque não sabia me conduzir diante das circunstâncias. Imaginava que as coisas simplesmente aconteciam em minha vida e eu não tinha controle sobre elas. Mas a verdade era outra, bem diferente.

Eu vivia deprimida, ansiosa, com medo, sem esperança; convivia com problemas constantes e lutava para superá-los ou tentava escondê-los. Hoje sei que os anos da juventude podem ser inspiradores, divertidos e produtivos, e tornar-se o alicerce de uma vida com propósito e bem-sucedida. Esse alicerce é construído quando temos um relacionamento com Deus por meio de Jesus, seu Filho, e nos comunicamos com ele em oração. Só descobri tudo isso aos 28 anos; antes disso, tinha vontade de pôr um fim à minha vida porque não conseguia mais conviver com o sofrimento que sentia. Mas uma amiga levou-me a conhecer seu pastor, e ele me conduziu ao Senhor.

A partir de então, passei a entender quem é Deus e o que ele deseja fazer em nossa vida. E ele deseja fazer muito mais do que pensamos. Agora, quero que todas as pessoas conheçam a Deus. Quero ajudá-las a andar perto dele e, para isso, elas precisam aprender a orar. Quero que um número cada vez maior de pessoas entenda que o poder extraordinário da oração é capaz de influenciar não apenas a nossa vida, mas também a vida e a situação de nossos semelhantes.

Já escrevi mais de cinquenta livros sobre oração; porém, não havia escrito ainda um livro de orações especificamente para moças. E esse desejo esteve guardado em meu coração durante muito tempo. Mas agora encontrei a parceira perfeita para escrever esta obra. Quando conheci Paige, eu nem sequer sonhava que, um dia, ela seria minha nora. Fiquei imediatamente impressionada por ela demonstrar tamanha sabedoria sendo ainda bem jovem: tinha 19 anos quando nos encontramos pela primeira vez. Paige havia sobrevivido a uma experiência traumática de quase morte aos 11 anos. Naquela experiência, Deus lhe concedeu uma nova perspectiva de vida e o desejo de ajudar outros jovens a ter a mesma perspectiva sem precisar passar por uma experiência tão traumática. Ela é um exemplo maravilhoso de como Deus toma as situações difíceis de nossa vida e as transforma em bem.

Paige havia gravado um disco produzido por meu filho, Christopher. Foi assim que a conheci. Ela também trabalhava num programa de televisão para jovens e, por meio disso, notei seu excelente dom de comunicadora — muito natural, apaixonada e sincera. Quando lhe disse que ela deveria escrever um livro sobre sua fantástica experiência de vida, Paige revelou que já havia começado a escrevê-lo. Permitiu que eu lesse o que havia escrito, e achei que era excelente e precisava ser publicado. Recomendei-a ao pessoal da minha editora, e eles concordaram que aquilo era algo que precisava ser lido pelos jovens. O resultado foi o livro *Wake Up, Generation* [Desperta, geração]. Se você não o leu ainda, recomendo que faça isso porque sei que ele a inspirará a fazer coisas grandiosas na vida. Ele fez isso por mim.

Depois da publicação daquele livro, minha editora pediu a Paige e a mim que escrevêssemos, em coautoria, este livro especial para jovens mulheres, porque cada uma de nós tem um ponto de vista que desejamos expor. Cada uma de nós escreveu 72 orações. Escrevi as minhas colocando-me no papel de conselheira. São orações que gostaria de ter aprendido a fazer quando tinha sua idade, para poupar-me de tanto sofrimento. Agora, porém, posso oferecê-las a você, para que adquira conhecimento e experiência sem ter de pagar o preço que paguei por ignorância. Paige sabe quais são as necessidades específicas de sua geração, bem como as situações e os desafios, tanto os peculiares quanto os comuns, que você enfrenta hoje. E é com um interesse fervoroso pelos homens e mulheres dessa geração que ela aplica esse conhecimento às orações. Paige dedica seu coração inteiramente ao Senhor porque teve a morte como inimiga e a venceu pelo poder de Deus. Paige pode ajudá-la a enfrentar os desafios de *sua* vida e a vencê--los também. Durante a leitura, sei que você a amará e a apreciará tanto quanto eu.

Stormie

Conheci Stormie quando nos reunimos para jantar — ela, Chris (seu filho) e eu — em nosso restaurante japonês favorito. Eu já ouvira falar coisas maravilhosas a respeito dela, mas não tinha ideia da grandiosidade dessa mulher até conhecê-la pessoalmente. A presença e o entusiasmo de Stormie logo fizeram que eu me sentisse amada e protegida, como se a conhecesse há anos. Quase não houve pausas em nossa conversa durante todo o jantar, exceto quando fomos obrigados a parar para mastigar. Um dos aspectos que me surpreenderam naquela noite foi a maneira como ela ria de si mesma, revelando uma humildade cativante que adorei. Mal pude acreditar como me senti à vontade na presença dela.

Chris e eu casamos em 11 de novembro de 2011, e aquele foi verdadeiramente o dia mais maravilhoso e incrível da minha vida. Além de me dar, por sua graça, o homem dos meus sonhos, pelo qual orei a vida inteira, o Senhor me deu uma família extraordinária de presente! Agora que Stormie é minha segunda mãe, tenho tido o privilégio de testemunhar que excelente mulher de Deus ela é no dia a dia. Mesmo quando está terminando seu livro mais recente, preparando-se para falar num evento ou cuidando da casa, ela ainda se lembra de algum produto que eu tenha mencionado casualmente e me telefona para dizer que não apenas o encontrou como pediu que o entregassem a mim. Poucas pessoas se preocupam com as outras tanto quanto ela. Creio que esse é um enorme motivo para explicar por que seus livros têm tanto sucesso e são tão eficientes. Ela se preocupa realmente com seu público.

Quando Stormie me ligou, alguns meses atrás, para me informar que sua editora gostaria que escrevêssemos este livro em parceria, houve silêncio de minha parte. Dizer que me senti intimidada por escrever este livro com ela é eufemismo. Stormie já escreveu mais livros do que sou capaz de enumerar e é conhecida por levar as pessoas a aproximar-se do Senhor em oração — ela faz isso de uma forma maravilhosa, capaz de transformar vidas. Tendo Deus realizado milagres em minha vida e permitido que meu primeiro livro fosse publicado, não vejo necessidade de explicar a diferença entre as experiências e ideias de Stormie e as minhas. Apesar de eu mesma não saber o que eu tinha a oferecer, senti que Deus estava me chamando para aceitar o convite e caminhar com ele na escrita deste livro. Tinha certeza de que o Senhor conhecia minhas limitações muito mais que eu e me ajudaria ao longo do caminho!

Minha vida de oração foi inesperadamente bombardeada no momento em que comecei a escrever. Passei a questionar se minhas orações eram realmente poderosas e duvidei de minha capacidade para escrever orações que seriam repetidas por outras pessoas. Enquanto meu marido, minha família e meus amigos oravam por mim, comecei a entender o motivo disso tudo: era o inimigo tentando me fazer parar. O que torna minhas orações poderosas não tem a ver com nenhum dom especial para lidar com as palavras. Minhas orações são poderosas porque tenho fé e porque o Espírito Santo habita em mim, levando-me a falar com o Pai sobre situações que verdadeiramente enfrento. Se Cristo habita em você, você tem também esse poder.

Neste livro você encontrará reflexões que partem de duas perspectivas bem diferentes e, ao mesmo tempo, complementares. Stormie entende a situação em que você se encontra. A história dela é inacreditável, e ela conhece as batalhas mais difíceis com as quais você tem de lidar. Graças à experiência e à sabedoria que adquiriu ao longo dos anos, Stormie é capaz de enxergar as circunstâncias sob um ângulo mais amplo e compreender não apenas os efeitos negativos que tais circunstâncias podem ter na vida dela, mas também a maneira como cada uma de nós pode orar para evitar esses efeitos em nossa própria vida.

Estou vivendo esse período de "mocidade" com você. Sei o que enfrento e o que minhas amigas enfrentam. Antes de escrever cada oração, orei por você, pedindo que o Senhor me mostrasse as palavras que ele anseia ouvir de suas filhas. O propósito de meu coração em cada oração é que você saiba que pode ser totalmente sincera na presença de Deus. Maravilhada e surpresa, aprendi que o Senhor deseja ter conosco um relacionamento de amor sem formalidades, e sinto-me reconfortada com isso. Não estou dizendo que ele não queira ouvir palavras amáveis — ele quer que você seja direta e autêntica. Quer estar mais perto de você do que qualquer outra pessoa em sua vida. Quando começamos a abrir e a expor o coração diante de Deus, recebemos muito mais dele do que poderíamos esperar ou imaginar. Suas orações são poderosas. Creia, observe e surpreenda-se.

PAIGE

Depois de tudo o que foi dito, esperamos que este livro lhe seja de grande ajuda. Você poderá lê-lo de forma direta — uma ou mais orações por dia — ou procurar as que lhe pareçam mais oportunas para a ocasião. Seja qual for o método utilizado, é importante ler todas as orações, porque, no conjunto, elas envolverão os aspectos de sua vida que necessitam ser tocados — nenhum deles ficará de fora. Não há maneira certa ou errada de fazer isso. Há apenas uma: aquela que for conduzida pelo Espírito Santo. Nosso desejo é que cada oração neste livro seja um ponto de partida para você apresentar suas necessidades específicas quando estiver em comunhão com o Senhor.

Há uma última coisa que queremos que você saiba: nós a amamos, querida leitora e irmã no Senhor, e oramos para que seja tocada de maneira extraordinária pelo poder de Deus em resposta às suas orações, e que você inicie uma caminhada com passos firmes ao lado daquele que é capaz de transformar vidas.

STORMIE E PAGE

1

Senhor, ajuda-me a te buscar

Se me buscarem de todo o coração, me encontrarão.
Jeremias 29.13

Pai celestial, eu te busco de todo o coração. Deixo tudo de lado, porque és mais valioso, mais precioso para mim que qualquer coisa em toda a criação. Senhor, embora estejas sempre comigo, prometeste que te aproximarias de mim se eu me aproximasse de ti (Tg 4.8). Vale a pena abandonar tudo para estar em tua presença. Não permitas que eu comece cada dia de minha vida sem te buscar e me submeter à orientação de teu Santo Espírito.

Perdoa-me pelas vezes em que não te busquei por ter pensado irrefletidamente que me sairia melhor se agisse por conta própria. Que tragédia é deixar de buscar tua presença e ignorar os tesouros de tua bondade como se não merecessem ser procurados! Se ao menos eu tivesse entendido minha condição, teria me prostrado diante de ti constantemente. Concede-me um coração que anseie por te conhecer e te amar profundamente. Necessito de ti mais que do ar que respiro — porque és a própria vida.

Oro em nome de Jesus.

Paige

2
Rejeitando o medo da rejeição

O Senhor não rejeitará seu povo.
Salmos 94.14

Amado Senhor, ajuda-me a não ser influenciada pelo medo de ser rejeitada. Não quero que esse sentimento me impeça de enxergar a realidade de minha situação. Sei que praticamente todas as pessoas já foram ou serão rejeitadas por alguém em uma ocasião ou outra. Mas não quero que o medo assuma o controle de minha vida. Quando eu for rejeitada — ou me *sentir* rejeitada —, fortalece minha mente e meu coração para que eu não seja sufocada pelas circunstâncias. Ajuda-me a lembrar que sou sempre aceita diante de teus olhos. Obrigada, Senhor, porque me *escolheste* para ser tua filha e porque nunca me rejeitarás.

Se em mim houver feridas profundas por causa de alguma rejeição no passado, oro para que as cures. Capacita-me a não viver mais o sofrimento decorrente da rejeição, porque *estás comigo*, me *ajudas* e me *fortaleces* (Is 41.9-10). Obrigada por me amares como sou, embora me ajudes todos os dias a me tornar mais semelhante a ti. Ensina-me a me aceitar incondicionalmente, pois é desse modo que tu me aceitas.

Oro em nome de Jesus.

Stormie

3
Quero ser bela

Vistam-se com a beleza que vem de dentro e que não desaparece,
a beleza de um espírito amável e sereno, tão precioso para Deus.
1PEDRO 3.4

Jesus, quero ser bela. Sei que esse desejo procede de ti, porque anseias revelar tua beleza por nosso intermédio. Amo saber que colocaste tua doçura, teu Espírito sensível, tua compaixão e tua beleza no coração das mulheres. Sou um reflexo direto de tuas qualidades exuberantes. Oro para que reveles tua beleza em mim e que eu *creia*, de uma vez por todas, que isso não tem nada a ver com minha aparência exterior. Estou muito presa a essa futilidade, Senhor.

Não criaste meus olhos para ser sedutores, mas para *ver* os sinais de tua presença neste mundo tão carente. Meus ouvidos foram criados para *ouvir* tua voz e os testemunhos de teu povo. Meus lábios foram criados para proclamar-te — *falar* palavras de vida e de encorajamento. Minhas mãos foram criadas para *tocar* o mundo e cumprir o propósito que me deste. Meu corpo foi criado para ser o templo do Espírito Santo. Senhor, tu criaste a beleza, portanto só tu és capaz de defini-la.

Oro em nome de Jesus.

PAIGE

4
Confiando em Deus em tempos de perda

Felizes os que choram, pois serão consolados.
MATEUS 5.4

Querido Senhor Jesus, eu te agradeço porque, seja o que for que eu tenha perdido na vida — uma pessoa, um relacionamento, um animalzinho de estimação, dinheiro, um objeto valioso, uma oportunidade ou habilidade para fazer algo —, tu conheces meu sofrimento por causa dessa perda. Somente mediante teu Espírito Santo em mim — o Encorajador que enviaste para nos sustentar — é que sou capaz de superar esta dor. Graças a ti, não ficarei sofrendo para sempre e posso voltar a me sentir completa.

Oro para que o vazio que sinto no coração pela perda que sofri seja preenchido com teu amor, tua paz e tua alegria. Sei que tu, Senhor, és bom. Também sei que, se eu andar contigo todos os dias, esse sofrimento aparentemente interminável desaparecerá e voltarei a ser feliz. Quero andar passo a passo contigo hoje, confiando que me ajudarás a enfrentar outras perdas com esperança renovada no futuro. Obrigada porque preenches todos os espaços vazios dentro de mim.

Oro em nome de Jesus.

STORMIE

5
Obsessão por fazer planos

*É da natureza humana fazer planos,
mas o propósito do Senhor prevalecerá.*

Provérbios 19.21

Senhor, preciso reduzir meu ritmo de vida. Vivo correndo, fazendo tantos planos que me sinto desnorteada. Penso sempre que, se eu planejar "isto" e controlar "aquilo", tudo vai correr com mais tranquilidade. Mas percebi o motivo de isso não estar funcionando: eu deixei a *ti* de fora. Perdoa-me por minha necessidade de controlar e ensina-me a permitir que tu me conduzas. Tu és o Senhor, não eu. Entendo que, quando tento tomar as rédeas da situação, estou basicamente dizendo: "Sei mais que tu, Deus!". Eu me arrependo disso e declaro minha confiança em teu Plano divino.

Pai, recorro a ti hoje para abrir mão de meus planos. Sim, há coisas por fazer, trabalho a ser realizado, mas desisto de minha agenda e de minhas prioridades. Aonde *estás* indo hoje, Senhor? Quero seguir-te. Quem *estás* tocando? Quero estender a mão a essas pessoas. O que *desejas* realizar até o fim deste dia? Quero fazer parte disso. Senhor, deixo hoje meus planos de lado porque decidi seguir os *teus*.

Oro em nome de Jesus.

Paige

6

Vendo a situação sob a perspectiva de Deus

Abre meus olhos, para que eu veja as maravilhas de tua lei.
SALMOS 119.18

Amado Senhor, ajuda-me a sempre ser capaz de ver o que é certo e bom em minha vida, em vez de pensar no que é errado. Às vezes, quando as coisas não saem como planejei, como esperei ou como orei, começo a duvidar de mim em vez de crer que estás realizando algo bom. Não quero me preocupar com o que aconteceu — ou não aconteceu — quando, na verdade, eu deveria estar olhando em tua direção e agradecendo porque podes reverter toda situação para o bem.

Creio que és um Deus bondoso e que tens o melhor para mim. Ajuda-me a ver tua bondade em cada situação. Tua Palavra diz que todo aquele que se refugia em ti é feliz (Sl 34.8). Confio em ti e em tua Palavra e agradeço-te pelas bênçãos que derramas em minha vida. Abre-me os olhos para que eu enxergue as situações sob tua perspectiva. Ajuda-me a ver a plena verdade daquilo que fazes em minha vida.

Oro em nome de Jesus.

STORMIE

7

Sinto que não estou cumprindo meu dever

*Confie nele em todo tempo; derrame o coração diante dele,
pois Deus é nosso refúgio.*
SALMOS 62.8

Pai, hoje estou com vontade de me esconder. Não me sinto bonita, nem arrumada, nem digna de que alguém perca tempo comigo. Aonde quer que eu vá, sou atormentada por um sentimento sufocante de que *não sou boa o suficiente*. Parece que fico sempre aquém ou além de onde deveria estar. Jesus, apresento-me diante de ti com o coração desesperado. Necessito ser envolvida por teus braços. Estou lutando com a dúvida de que não queres ouvir minha oração, mas agarro-me à tua Palavra, que me orienta a confiar em ti e a abrir meu coração.

Em teu nome, eu me oponho aos sentimentos de indignidade que roubaram a alegria e a paz que me deste. Afasta as mentiras que pesam tanto sobre mim, e substitui-as por tua verdade gloriosa. Tua Palavra diz que sou preciosa e honrada à tua vista, e que *tu me amas* (Is 43.4)! Tu me chamas de escolhida, aquela em quem tens prazer (Is. 42.1). Eu declaro essas palavras sabendo que elas têm poder para transformar minha vida.

Oro em nome de Jesus.

PAIGE

8

Entregando minha vida ao Senhor

*Portanto, humilhem-se sob o grande poder de Deus
e, no tempo certo, ele os exaltará. Entreguem-lhe
todas as suas ansiedades, pois ele cuida de vocês.*

1Pedro 5.6-7

Senhor, oro para que governes todas as áreas de minha vida. Ajuda-me a confiar em ti de todo o coração e todo o entendimento. Ensina-me a te obedecer em tudo e a não tentar tomar as rédeas de minha vida ou agir por conta própria. Entrego minha vida a ti. Entrego-te meu trabalho, meus relacionamentos, minhas atividades, meus interesses e objetivos. Deposito tudo em tuas mãos, para que sejam usados para tua glória.

Não quero viver de acordo com meus desejos; ao contrário, quero fazer a *tua* vontade. Apresento-me humildemente diante de ti, sabendo que tu me exaltarás. Entrego-te minhas preocupações e agradeço-te porque cuidas de cada uma delas e também de mim. Obrigada pelo amor e pelas bênçãos que derramas sobre mim todos os dias.

Oro em nome de Jesus.

Stormie

9
Sou tua serva

*Então ouvi o Senhor perguntar: "Quem enviarei como
mensageiro a este povo? Quem irá por nós?".
E eu respondi: "Aqui estou; envia-me".*

ISAÍAS 6.8

Jesus, sou tua serva. Sirvo ao meu Bom Mestre. Minha alma almeja ser usada por ti da mesma forma que almejo cumprir o propósito que me deste. Lanço fora o medo e submeto toda a minha vida e todos os meus sonhos a ti, porque sei que tens os melhores planos para mim. És o único Senhor cujos escravos se tornam livres ao se submeterem a ti. Desejo ardentemente pôr um sorriso em teu rosto e ser uma luz neste mundo tenebroso.

Meu corpo é um vaso de barro dentro do qual depositaste tesouros para mostrar ao mundo que esse poder que a tudo excede vem de ti, não de mim (2Co 4.7). Usa-me como um vaso para que eu derrame teu amor e tua verdade sobre todo aquele com quem eu vier a me encontrar. Coloco-me ao teu inteiro dispor. Disseste que a colheita é grande, mas que os trabalhadores são poucos (Lc 10.2). Declaro-me operária de teu reino, serva de teu trono. Que o clamor de meu coração seja sempre: *"Aqui estou; envia-me"*.

Oro em nome de Jesus.

PAIGE

10
Quando eu preciso perdoar

Mas, se vocês se recusarem a perdoar os outros,
seu Pai não perdoará seus pecados.

MATEUS 6.15

Pai celestial, ajuda-me a perdoar os outros conforme ordenaste em tua Palavra. Sei que perdoar é uma escolha que devo fazer e, neste instante, escolho ser uma pessoa perdoadora. Sei que devo *decidir* perdoar antes mesmo de *sentir* o desejo de perdoar. Confesso a ti qualquer rancor que porventura exista em mim e peço que me libertes disso.

Mostra-me se há em mim alguma falta de perdão que eu não esteja vendo. Sei que o perdão concedido a alguém não endireita essa pessoa, nem justifica o que ela fez, mas peço que me libertes da destruição causada pela amargura de não perdoar. Capacita-me a perdoar essa pessoa independentemente de ela vir a se retratar. Ajuda-me a perdoar os outros, para que eu também seja perdoada por ti. Não quero que o fato de eu não ser uma pessoa perdoadora limite as coisas boas que desejas derramar sobre minha vida. Não quero que nada neste mundo interfira em meu relacionamento contigo.

Oro em nome de Jesus.

STORMIE

11
Quero apenas amar

Eu me casarei com você para sempre, e lhe mostrarei retidão e justiça, amor e compaixão.

OSEIAS 2.19

Senhor, estou me sentindo deprimida hoje... deprimida por causa do amor. Meus pensamentos românticos estão me consumindo, e não consigo parar de querer a afeição e o amor do rapaz certo. Levo meus desejos a ti porque sei que os realizarás em teu tempo perfeito. *Tu* és amável, Senhor. És o Autor do amor. Quando penso em como entregaste tua vida por mim... não precisas fazer mais nada para provar a grandiosidade de teu amor.

Em Oseias, tu chamas um homem fiel para casar-se com uma prostituta somente para exemplificar que és um Amante destemido que foi traído por nós. Será que esse desejo profundo em meu coração de ter intimidade com alguém só pode ser saciado por ti? Com que outro amante poderias ser comparado? Isaías 54.5 diz que és meu marido; portanto, Senhor, estou prometida a ti em casamento. Tu me amaste com amor eterno (Jr 31.3), e não há nada neste mundo que possa ser comparado a esse amor. Eu te amo, Jesus. Tu me cativaste. Meu coração será teu para sempre.

Oro em nome de Jesus.

PAIGE

12
Ajuda-me a me afastar do pecado

Quem permanece nele não continua a pecar. Mas quem continua a pecar não o conhece e não entende quem ele é.

1João 3.6

Amado Deus, sei que odeias o pecado (Pv 6.16). Eu também odeio o pecado. Odeio-o o suficiente para me afastar completamente dele. Sei que todo pecado em minha vida entristece o Espírito Santo, e não quero jamais fazer isso. Mas preciso de tua ajuda. Por isso, peço que me dês um forte sentimento de rejeição ao pecado se eu for atraída por qualquer tipo de ação ou pensamento que contrarie tua vontade. Tua Palavra diz que o pecado mata, mas que teu Espírito liberta (Rm 8.2). Prefiro estar contigo e seguir teus caminhos. Escolho viver pelo poder de teu Espírito em mim.

Alerta-me todas as vezes que eu estiver correndo o risco de desobedecer às tuas leis. Somente tu podes me capacitar a desistir do desejo por alguém ou por alguma coisa que contrarie tua vontade em relação a mim. Alinha os desejos de meu coração com os desejos de teu coração. Ajuda-me a me afastar de tudo aquilo que me afasta de ti.

Oro em nome de Jesus.

STORMIE

13
Preciso de amigas piedosas

Quem ama o coração puro e fala de modo
agradável terá o rei como amigo.
PROVÉRBIOS 22.11

Pai, recorro a ti para pedir que tragas amigas piedosas à minha vida. Tenho visto a influência que as amigas com as quais convivo exercem em mim, e sei que necessito de discernimento. Teu desejo é que tenhamos amizades íntimas com outras pessoas cristãs; assim, peço isso pela fé, sabendo que desejas que este meu pedido seja atendido.

Oro para que o Espírito Santo me dirija à pessoa certa, alguém que também esteja em busca de uma amizade piedosa. Tu usas nossos relacionamentos para nos moldar, nos desafiar e nos refinar, e esses são processos pelos quais anseio ardentemente passar. Ajuda-me, antes de tudo, a ser o tipo de amiga que desejo encontrar. Arranca de mim todas as raízes de amargura que impedem que as outras pessoas confiem em mim ou se aproximem de mim. Aguardo com sincera expectativa, agradecendo-te desde já os tesouros da amizade piedosa que em breve terei.

Oro em nome de Jesus.

PAIGE

14

Encontrando minha identidade no Senhor

Essas coisas ocupam o pensamento dos pagãos, mas seu Pai celestial já sabe do que vocês precisam.

Mateus 6.32

Pai celestial, eu te agradeço por ser tua filha. Ajuda-me a viver como filha do Rei. Não quero cair na armadilha do orgulho, da tentação e da lascívia do mundo que leva embora a vida maravilhosa que tens para mim. Quero ser cheia do Espírito Santo, e não de mim mesma. Mostra-me como ser tua luz neste mundo sem sentir atração pelas trevas. Obrigada porque conheces minhas maiores necessidades.

Capacita-me a manter minha identidade em ti e na pessoa que desejas que eu seja. Livra-me de ceder às práticas desta cultura que não te agradam. Ajuda-me a me desviar de tudo que possa contaminar minha mente e a me afastar daquilo que tens reservado para mim. Não quero me acostumar a fazer coisas que não sejam corretas perante teus olhos. Obrigada porque tu sabes tudo de que necessito antes mesmo de *eu* saber.

Oro em nome de Jesus.

Stormie

15
Sinto-me fracassada

*Portanto, uma vez que estamos rodeados de tão grande
multidão de testemunhas, livremo-nos de todo peso que nos
torna vagarosos e do pecado que nos atrapalha, e corramos
com perseverança a corrida que foi posta diante de nós.*

HEBREUS 12.1

Pai celestial, tu sabes quanto estou frustrada comigo
mesma. Sinto-me fracassada. Conheço minhas lutas,
mas, ainda assim, parece que não consigo vencê-las
nem torná-las mais suportáveis. Pai, és o Redentor de
todas as coisas. Por favor, redime o que perdi em razão
de meus fracassos. Apresento-me diante de ti com as
mãos erguidas, declarando que não vou mais depender de minhas forças. Não tenho poder para mudar a
situação; então, clamo para que teu Santo Espírito me
transforme.

Tua Palavra diz que devemos nos livrar de tudo o
que nos atrapalha; por isso, Senhor, lanço fora tudo
o que me traz embaraço. Mostra-me as ferramentas
necessárias para me livrar de tudo isso e fazer somente
aquilo para que fui chamada por ti. Em nome de Jesus, peço que me ajudes a vencer a fraqueza que hoje
enfrento. Obrigada porque tua Palavra diz que somos
mais que vencedores por meio de teu Filho, que nos
amou (Rm 8.37)! Graças a ti, a vitória já é minha.

Oro em nome de Jesus.

PAIGE

16
Demonstrando amor aos outros

*Este é meu mandamento: Amem uns aos
outros como eu amo vocês.*

João 15.12

Querido Jesus, ajuda-me a amar os outros da maneira que tu me amas. Sei que tu os amas incondicionalmente, sem levar em conta como agem ou o que fizeram. Sinto dificuldade em fazer isso. Ordenaste que te amássemos e que amássemos nossos semelhantes, porém considero muito mais fácil amar a ti que a eles. As outras pessoas falham comigo, mas tu nunca falhas. As outras pessoas deixam de me amar, mas tu me amas sempre. É por isso que necessito que *teu* amor encha meu coração todos os dias.

Agradeço porque és o Deus de amor — tu não *amas* apenas, tu és amor. Oro para que teu Espírito de amor em mim transborde até o ponto de se derramar sobre os outros como um rio. Capacita-me a mostrar amor, mesmo às pessoas que tenho dificuldade de amar. Ensina-me a amar os outros de maneira constante e infalível. Capacita-me a ser uma mulher pela qual as outras pessoas se sintam atraídas por causa de teu amor em mim.

Oro em nome de Jesus.

Stormie

17
Propósito em minhas imperfeições

Mas eu o poupei a fim de lhe mostrar meu poder e propagar meu nome por toda a terra.
Êxodo 9.16

Jesus, é difícil olhar no espelho e não enxergar minhas imperfeições. Muitas vezes, gostaria de poder mudar tudo o que vejo refletido ali. Perdoa-me, Senhor, porque sei que isso não é apenas um insulto ao modo perfeito e especial pelo qual me criaste, mas também aos planos que tens para me usar. Tu me criaste inteiramente, da cabeça aos pés, para uma finalidade específica. As coisas que eu gostaria de mudar não estão erradas; elas fazem parte de teu plano divino.

Senhor, disseste que minhas imperfeições e fraquezas são minha *força* (2Co 12.9). Se assim for, então como é bonito ser imperfeita! Embora o mundo ao meu redor faça de tudo para disfarçar as imperfeições, eu permaneço firme, sabendo que em ti tenho liberdade para me desvencilhar da falsa aparência e ser *verdadeira*. Obrigada porque me criaste para completar uma história maior que a minha. Usa-me, Senhor, para tua glória.

Oro em nome de Jesus.

Paige

18
Quando sinto ansiedade

Não vivam preocupados com coisa alguma; em vez disso, orem a Deus pedindo aquilo de que precisam e agradecendo-lhe por tudo que ele já fez. Então vocês experimentarão a paz de Deus, que excede todo entendimento e que guardará seu coração e sua mente em Cristo Jesus.

FILIPENSES 4.6-7

Senhor, disseste em tua Palavra que não devemos andar ansiosos por coisa alguma, mas que devemos *orar* acerca de tudo. Ajuda-me a fazer isso. Fico ansiosa com muitas coisas e não quero ser assim. Sei que não posso ter uma vida de sucesso se me preocupar com tanta frequência. Ajuda-me a contar-te tudo o que se passa em meu coração antes que a situação saia do controle.

Apresento a ti tudo o que me deixa ansiosa neste momento e rendo-te graças pela paz maravilhosa que prometeste em tua Palavra àqueles que oram, uma paz que guardará meu coração e minha mente. Obrigada porque és capaz de me ajudar a dominar toda ansiedade de maneira tão completa que não mais andarei preocupada com coisa alguma. Ensina-me a confiar inteiramente em ti a esse respeito.

Oro em nome de Jesus.

STORMIE

19
Senhor, usa-me para mudar o mundo

*Fale em favor daqueles que não podem
se defender; garanta justiça para os que estão aflitos.
Sim, fale em favor dos pobres e desamparados.*
PROVÉRBIOS 31.8-9

Senhor, tenho o desejo ardente de causar impacto neste mundo. Obrigada porque, embora eu seja pequena, tu não és, e tua presença em mim é grande o suficiente para eu fazer *qualquer coisa* que desejares que eu faça. Anseio ter um legado que toque as gerações futuras para teu reino. Minha vida é como uma neblina (Tg 4.14), porém, mediante teu poder, as coisas com que me envolvo podem causar impacto eterno. Sou um vaso em tuas mãos.

Tua Palavra diz que puseste teu Espírito em mim para que eu levasse justiça às nações (Is 42.1). Ungiste-me para levar boas notícias aos pobres, cuidar dos que estão com o coração quebrantado, anunciar liberdade aos cativos, libertar os que estão presos nas trevas e consolar os que andam tristes (Is 61.1-2). Pai, entrego minha vida para servir ao teu lado. Mostra-me especificamente como alcançar os perdidos, e ajuda-me a dar um passo de fé. Quero seguir-te até os confins da terra.

Oro em nome de Jesus.

PAIGE

20
Quero estar perto de Deus

Aproximem-se de Deus, e ele se aproximará de vocês.
TIAGO 4.8

Senhor, quero estar perto de ti e sentir tua presença em minha vida, mas sei que isso não acontecerá se eu não passar alguns momentos a sós contigo. Às vezes, é difícil encontrar tempo para orar sozinha, e preciso de tua ajuda. Mostra-me as coisas que me impedem de estar contigo e que não são necessárias à minha vida. Ninguém me conhece como tu me conheces nem me ama como tu me amas. Só tu podes preencher os lugares nos quais me sinto vazia ou solitária.

Obrigada, Senhor, porque, quando me aproximo de ti, tu sempre te aproximas de mim. Eu me achego a ti neste momento e peço que me ajudes a reconhecer o conforto de tua presença em minha vida. Ajuda-me a separar um tempo todos os dias para estar contigo, a fim de te conhecer melhor e ser mais semelhante a ti. Não quero ter um relacionamento raso contigo, Senhor. Quero ter um relacionamento profundo, que transforme minha vida.

Oro em nome de Jesus.

STORMIE

21

Ajuda-me a não fazer concessões

E este mundo passa, e com ele tudo que as pessoas tanto desejam.
Mas quem faz o que agrada a Deus vive para sempre.
1João 2.17

Pai celestial, há muitas concessões acontecendo ao meu redor e receio que isso esteja me impedindo de enxergar os limites — que deveriam ser evidentes. Puxa-me para trás, para que eu sinta teu braço forte quando estiver perto demais da beira do abismo. Dá-me clareza de visão sobre como me visto, me apresento e falo, sobre o que ouço e vejo e sobre como gasto meu tempo. E, acima de tudo, restaura em mim *tua* definição de pureza.

Senhor, eu me arrependo e peço que voltes a ocupar o lugar que é teu em meu coração. Mostra-me especificamente as áreas nas quais estou cedendo e eleva meu padrão de qualidade, para que se iguale ao *teu*, e não ao das outras pessoas. Quero me entregar totalmente a ti, pois, do contrário, eu me privaria de tudo o que tens para mim. Que fruto colherei, então, das coisas das quais agora me envergonho (Rm 6.21)? Que eu jamais troque teu precioso tesouro pelos refugos deste mundo.

Oro em nome de Jesus.

Paige

22
Às vezes tenho dificuldade para orar

Os olhos do Senhor estão sobre os justos, e seus ouvidos, abertos para suas orações.
1Pedro 3.12

Senhor, ajuda-me a lembrar que a oração é simplesmente uma forma de comunicação contigo, uma forma de te contar minhas preocupações, de expressar como me sinto em relação à vida e em relação a ti. Que a oração é uma forma de lhe dizer o que quero que aconteça em minha vida e no mundo ao meu redor. Em geral, acho que minha vida e meus pensamentos são muito complicados para expressá-los. Mas sei que me entendes e que compreendes minha situação muito melhor que eu.

Às vezes, sinto dificuldade para orar porque não tenho certeza se me ouvirás e me responderás. Mas tua Palavra diz que tu me vês e vês minha situação, e que estás sempre pronto para ouvir minhas orações e tudo o que me preocupa. Oro para que as coisas que são importantes para *ti* também sejam importantes para *mim*. Ajuda-me a orar quando eu tiver dificuldade e não souber que palavras dizer. Ajuda-me a crer que sempre ouves e respondes.

Oro em nome de Jesus.

Stormie

23

Fujo em direção a ti

*Venham a mim todos vocês que estão cansados
e sobrecarregados, e eu lhes darei descanso.*

MATEUS 11.28

Senhor Jesus, quando viveste neste mundo, costumavas te afastar para um local solitário. Depois de derramar teu coração continuamente em favor dos outros, aquela era a válvula de escape na qual te renovavas. Mesmo sendo o todo-poderoso Filho de Deus, era lá que encontravas força. Senhor, eu fujo em direção a ti neste momento e neste lugar solitário; careço de descanso e renovação para a alma. Peço ao teu Espírito de paz que me lave e leve embora o estresse, os medos e a insegurança que me acompanham. Envolve-me com tua presença, para que tua luz gloriosa se manifeste por todos os poros de meu corpo.

A Bíblia diz que, quando Moisés desceu do monte após ter uma conversa íntima contigo, o rosto dele resplandecia literalmente. Moisés estava tão radiante que todos sabiam que ele havia estado na presença do Deus Todo-poderoso (Êx 34.29-35). Senhor, peço-te humildemente que venhas ao meu encontro neste momento sagrado. Que tua presença me deixe radiante e que meu coração seja completamente transformado.

Oro em nome de Jesus.

PAIGE

24
Quando estou desencorajada

Portanto, não nos cansemos de fazer o bem. No momento certo, teremos uma colheita de bênçãos, se não desistirmos.

GÁLATAS 6.9

Senhor, obrigada porque és o Deus do encorajamento. Quando acontecem coisas desestimulantes em minha vida, sei que serei reanimada todas as vezes que ler tua Palavra e sentir tua paz e teu amor por mim. Ajuda-me a ter mais fé nas promessas que tu fazes a mim do que na opinião dos outros. Ensina-me a sempre rejeitar qualquer voz de desencorajamento, porque sei que não procede de ti. Capacita-me a identificar tua voz de tal forma que eu imediatamente reconheça qualquer tentativa de imitá-la.

Ajuda-me a não desanimar e a não me cansar de fazer o que é bom e reto aos teus olhos. Livra-me de ser uma pessoa desanimada diante das circunstâncias ao *meu redor* e das coisas que *me acontecem*. Ajuda-me a olhar para a frente e ver as coisas boas que colherei na vida por ter insistido em fazer o bem.

Oro em nome de Jesus.

STORMIE

25
Recuperando o que perdi

Eu amei você com amor eterno [...]. Eu a reconstruirei.
JEREMIAS 31.3-4

Pai, venho à tua presença sentindo-me quebrada em mil pedaços. Afastei-me pouco a pouco de ti e não posso mais fazer isso. Escutei teu chamado, mas não queria ouvi-lo. Senti sussurrares a Verdade, mas queria que estivesses errado. Tu sabias qual seria o resultado de minhas decisões e, mesmo assim, eu não queria que ninguém me detivesse. E agora aqui estou — no limite de minhas forças. Necessito de ti. Recuso-me a dar outro passo sem ti. Entrego *tudo* a ti.

Tua Palavra diz que, depois de meu sofrimento, tu me restaurarás (1Pe 5.10). Prometeste reconstruir minha vida; portanto, Pai, derrama o alicerce e assenta as estruturas de meu coração. Quando me criaste, tinhas um plano em mente para mim. Resgata o que perdi e sopra tua vida em minha alma. Obrigada, Deus, porque, à medida que me restaurares, me darás muito mais do que tudo que sou capaz de pedir ou pensar (Ef 3.20). Revigora-me, Senhor.

Oro em nome de Jesus.

PAIGE

26
Fui criada para coisas boas

Pois somos obra-prima de Deus, criados em Cristo Jesus a fim de realizar as boas obras que ele de antemão planejou para nós.

EFÉSIOS 2.10

Amado Senhor, obrigada porque me criaste com um propósito sublime. Ajuda-me a entender teu plano e saber qual é esse propósito. Não quero perder tempo com coisas que me afastem do caminho que traçaste para mim. Não quero perder oportunidades que me conduzam àquilo que queres que eu faça. Abre as portas que desejas que eu atravesse. Fecha as portas pelas quais não devo entrar. E dá-me capacidade para saber a diferença entre uma e outra.

Senhor, sei que a melhor maneira para eu entender quem sou é entender melhor quem *tu* és. Ajuda-me a fazer isso. Ajuda-me a ler mais a Bíblia para te compreender melhor. Ajuda-me a passar mais tempo contigo em oração. Ensina-me a te adorar todos os dias, em qualquer situação, para que eu permaneça no caminho que tens para mim.

Oro em nome de Jesus.

STORMIE

27
Senhor, orienta minhas escolhas

*Uma voz atrás de vocês dirá: "Este é o caminho
pelo qual devem andar".*

ISAÍAS 30.21

Senhor Jesus, busco tua direção. Estou atravessando um momento crucial na vida e agarro-me à tua orientação. Senhor, o mundo oferece todos os tipos de conselho, mas não são essas vozes que eu procuro. Busco unicamente *teu plano*. Coloca meus pés no caminho que tens para mim e ilumina-o. Apresento diante de teu trono todas as decisões importantes que pesam sobre mim. Orienta-me com clareza, para que eu saiba exatamente que rota devo seguir. Teu Espírito não é um Espírito de desordem, mas de paz (1Co 14.33); portanto, sei que me darás a clareza de que necessito.

Peço que me concedas uma noção renovada de propósito em minhas escolhas diárias menos importantes, sabendo que o modo como passo cada momento de minha vida se reflete no modo como eu vivo. Cada escolha é importante. Lembra-me todas as manhãs, assim que eu puser o pé no chão, de dedicar meu dia a ti. Pai, peço que teu Santo Espírito seja meu leme e me oriente em cada escolha, diariamente.

Oro em nome de Jesus.

PAIGE

28
Dizendo palavras que agradam a Deus

Que as palavras da minha boca e a meditação do meu coração sejam agradáveis a ti, Senhor, minha rocha e meu redentor!

Salmos 19.14

Senhor, ajuda-me a não ter pensamentos negativos nem dizer palavras críticas a respeito das pessoas. Perdoa-me por todas as vezes que agi dessa maneira, porque sei que isso não te agrada. Ajuda-me a ser cautelosa quanto às palavras que profiro, para não dizer nada que possa magoar alguém. Ajuda-me a tratar os outros com bondade, paciência e amor. Capacita-me a elevar as pessoas, e não derrubá-las. Sei que as palavras são importantes porque disseste nas Escrituras que, se controlar a língua, terei vida longa (Pv 13.3).

Ensina-me a pensar antes de falar, para que eu diga palavras sinceras, porém amorosas e sensíveis, jamais cruéis. Sei que as palavras e os pensamentos insinceros, insensíveis ou maldosos mostram que tenho um problema grave no coração. Mesmo que alguém diga palavras negativas ou críticas a meu respeito, dá-me força para não pagar na mesma moeda. Capacita-me a ser mais semelhante a ti.

Oro em nome de Jesus.

Stormie

29
Sendo uma mulher íntegra

Os encantos são enganosos, e a beleza não dura para sempre,
mas a mulher que teme o Senhor será elogiada.
PROVÉRBIOS 31.30

Pai celestial, o modo como minha cultura define a "mulher verdadeira" é estarrecedor. Peço-te que desfaças o mal que isso tem causado a mim. Embora o mundo goste de fingir que valoriza o caráter da mulher, o objetivo é apenas vender seu poder de atração sexual. Almejo ser uma mulher íntegra, porque sei que é na integridade que se encontra a beleza *verdadeira* e *perene*. Ajuda-me a me desligar das outras vozes enganosas. Acima de tudo, não permitas que eu olhe para os rapazes em busca de afirmação. Meu valor e dignidade estão selados em ti.

Disseste que as pessoas veem a aparência, mas tu vês o coração (1Sm 16.7). Derrama teu caráter dentro de mim e ensina-me a andar de modo íntegro. Descreveste a mulher exemplar como aquela que é apaixonada pelo que faz, aquela cujos braços estão abertos aos pobres, que se reveste de força e dignidade, que fala com sabedoria e não é preguiçosa (Pv 31.17-27). Senhor, coloca essas qualidades dentro de mim enquanto oro. Tua presença me deixa extasiada, Deus Todo-poderoso.

Oro em nome de Jesus.

PAIGE

30
Rejeitando pensamentos negativos a meu respeito

Pois a boca fala do que o coração está cheio.
MATEUS 12.34

Senhor, oro para que enchas plenamente meu coração com teu amor, de modo que esse amor flua em meus pensamentos e palavras. Ajuda-me a não ser julgadora nem a dizer palavras críticas a meu respeito. Não quero contradizer o que dizes que sou. Dizes que sou preciosa e que tenho um propósito. Dizes que me criaste para ser tua filha e que tens grandes planos para mim (Jr 29.11-13). Dizes que me ajudarás a fazer o que preciso fazer e cumprirás tudo o que me prometeste (Ef 1.13-14).

Dizes que nunca me deixarás nem me abandonarás. Dizes que me encherás de toda alegria e paz pelo poder de teu Espírito (Rm 15.13). Dizes que, se eu mantiver os olhos fixos em ti, tu me conservarás em perfeita paz. Tu me deste dons, um chamado e um propósito. Capacita-me a dizer palavras a meu respeito que estejam em perfeita sintonia com o que dizes acerca de mim.

Oro em nome de Jesus.

STORMIE

31

Preciso enxergar a realidade

Como sabem o que será de sua vida amanhã? A vida é como a
névoa ao amanhecer: aparece por um pouco e logo se dissipa.
TIAGO 4.14

Pai celestial, abre meus olhos. Tenho a sensação de estar vivendo como sonâmbula, e não posso perder um tempo que me é tão precioso. Quando leio tua Palavra, eu me dou conta de que me dedico a coisas transitórias. Somente o que não se vê é eterno (2Co 4.18). Sê minha visão; ordena meus pensamentos e prioridades de acordo com teu plano e com tudo o que diga respeito à eternidade. Tu me deste uma herança no céu que não muda nem se deteriora (1Pe 1.4); no entanto, meu tempo aqui na terra está escorregando por entre os dedos.

Ajuda-me a enxergar claramente meus sucessos e problemas, e que eu não baseie minha vida em coisas perecíveis. Não posso depender do amanhã, porque não foi o que prometeste. Preciso seguir-te hoje. Senhor, acorrenta o inimigo que tenta controlar meus pensamentos com a mentalidade deste mundo. Preciso viver sabendo que o que faço agora é importante, e que minha vida é preciosa. A realidade que vejo não é a tua realidade verdadeira. Retira a venda de meus olhos. Desperta-me.

Oro em nome de Jesus.

PAIGE

32
Quando a vida se torna sufocante

*Dos confins da terra clamo a ti, com meu coração
sobrecarregado. Leva-me à rocha alta e segura,
pois és meu refúgio e minha fortaleza.*
SALMOS 61.2-3

Senhor, às vezes sinto que minha vida está fora de controle e não tenho forças para tomar uma atitude em relação a isso. Quando as circunstâncias externas e minhas emoções internas extrapolam aquilo que sou capaz de suportar, sinto que vou explodir. Mas sei que tens poder para fazer qualquer coisa — até mudar a mim e minhas circunstâncias. Obrigada porque, mesmo quando enfrento situações pesadas demais para mim, sei que não são pesadas para ti. Não há nada maior que teu poder.

Tua Palavra diz que, quando o inimigo me persegue e me esmaga ao chão, meu espírito desanima e meu coração entra em pânico (Sl 143.3-4). Ajuda-me a reconhecer as mentiras do inimigo quando a vida parecer fora de controle, para que eu consiga resistir a ele. Ensina-me a manter o foco na verdade de tua Palavra. Tu és Rocha mais alta que minhas circunstâncias e estás no controle de minha vida.

Oro em nome de Jesus.

STORMIE

33

Tu és meu Pai

*Eu serei seu Pai, e vocês serão meus filhos e
minhas filhas, diz o Senhor Todo-poderoso.*
2Coríntios 6.18

Senhor, eu te agradeço porque és um Paizinho amoroso. Fico maravilhada ao ver que és infinitamente grande, o Criador Todo-poderoso do universo e, ao mesmo tempo, és um Pai meigo e adorável. Minha mente não é capaz de entender a tua. Oro para que cures meu coração e me ajudes a perdoar meu pai por todas as vezes que ele me decepcionou. Tua Palavra diz que sou tua filha preciosa. Tu me chamas de tua filha amada cujo valor é maior que o dos rubis (1Ts 1.4; Pv 31.10). Desejas unicamente o que é melhor para mim e prometeste não reter "bem algum àqueles que andam no caminho certo" (Sl 84.11).

Senhor, tu és meu Pai. És o Paizinho com quem posso contar, os braços fortes que me protegem. Nenhum pai terreno poderia sequer comparar-se a meu Pai celestial perfeito, porque não há ninguém maior que o Rei. Tu me coroaste como tua filha, tua herdeira... tua princesa. Não existe honra maior que ser tua filha. Eu te amo, Pai.

Oro em nome de Jesus.

Paige

34
Quando meu coração está aflito

Os que confiam no Senhor renovam as suas forças;
voam alto, como águias. Correm e não se cansam,
caminham e não desfalecem.

ISAÍAS 40.31

Senhor, venho a ti com um sentimento de tristeza no coração e peço que o leves embora. Mostra-me os fardos que estou carregando e que deveria entregar a ti. Tua Palavra promete que, quando faço isso, "o choro pode durar toda a noite, mas a alegria vem com o amanhecer" (Sl 30.5). Sei que, quando eu clamar a ti em aflição, tu me salvarás da tribulação em que me encontro (Sl 107.13).

Obrigada, Senhor, porque tens o poder de levar embora todas as aflições e capacitar-me a encontrar alegria em ti sempre. Ajuda-me a participar da corrida e a não me cansar de carregar um peso grande demais para meus ombros. Ensina-me a me erguer do chão com *tua* força, não com a minha. Obrigada porque és capaz de encher meu coração de alegria (Sl 4.7).

Oro em nome de Jesus.

STORMIE

35
Acumulando tesouros no céu

Onde seu tesouro estiver, ali também estará seu coração.
MATEUS 6.21

Jesus, oro para que me ajudes a não me prender às coisas materiais à minha volta. Não permitas que eu passe grande parte do tempo construindo o que é perecível em vez de construir o que é verdadeiramente imperecível. Tua Palavra diz que devemos acumular tesouros no céu, onde as traças e a ferrugem não destroem e onde os ladrões não arrombam nem furtam (Mt 6.19). O que *eu* considero tesouro? As coisas deste mundo ou as que te pertencem? Tudo o que possuo aqui será tirado de mim. Convence meu espírito de que pequei quando permiti a presença de ídolos em minha vida. Revela-me qualquer coisa que eu tenha colocado acima de ti ou que eu não abandonaria se me pedisses.

Elevo e apresento minhas finanças a ti, porque cada centavo que possuo não é meu, mas teu. Mostra-me especificamente como desejas que eu gaste o dinheiro que me confiaste. Concede-me a perspectiva celestial de que posso eliminar as "coisas" terrenas e colocar-te no lugar que te pertence por direito... *como Senhor*.

Oro em nome de Jesus.

PAIGE

36
Assumindo o controle de meus pensamentos

*Não imitem o comportamento e os costumes deste mundo,
mas deixem que Deus os transforme por meio de
uma mudança em seu modo de pensar.*

ROMANOS 12.2

Amado Senhor, disseste em tua Palavra que podemos levar "cativo todo pensamento" (2Co 10.5). Ajuda-me a fazer isso. Não quero ter pensamentos negativos ou maus, nem pensamentos que me induzam a aceitar a mentalidade deste mundo e que me afastem de teus caminhos. Quero ter a mente renovada, conforme disseste em tua Palavra. Ajuda-me a controlar meus pensamentos e a me recusar a reter aqueles que não te agradam ou que me levam a ficar preocupada com coisas que não fazem parte de tua vontade para minha vida.

Ajuda-me a não ter pensamentos que me deixem constantemente amedrontada ou que provoquem ansiedade em mim. Capacita-me a rejeitar pensamentos que não têm um bom propósito e não fazem nenhum bem à minha vida. Livra-me de ter pensamentos dispersivos e ajuda-me a encher a mente com coisas boas que tragam paz e estabilidade à minha vida.

Oro em nome de Jesus.

STORMIE

37
Falta-me esperança

Pois o SENHOR, seu Deus, está em seu meio; ele é um
Salvador poderoso. Ele se agradará de vocês com
exultação e acalmará todos os seus medos com amor;
ele se alegrará em vocês com gritos de alegria!
SOFONIAS 3.17

Senhor, estou atormentada com a falta de esperança que me mantém prisioneira por tanto tempo. Permiti que minha mente mergulhasse nas circunstâncias e se afogasse no poço do desespero. Perdoa-me, Senhor, por não ter recorrido a ti antes. Sei que estás sempre aqui com os braços estendidos. Tua Palavra diz que, mesmo que eu esteja pressionada de todos os lados, não desanimo; fico perplexa, mas não desesperada; sou perseguida, mas não abandonada; abatida, mas não destruída (2Co 4.8-9).

Jesus, declaro teu nome como autoridade sobre minha vida e peço que retires a falta de esperança que me prende e me mantém imóvel. Maior é o teu Espírito em mim que qualquer outra coisa que tente me abater (1Jo 4.4). Resgatas minha vida da sepultura e me coroas de amor e misericórdia (Sl 103.4). Quero segurar a mão que foi perfurada, para que eu seja *salva* desta escuridão. Jesus, não permitas que eu desperdice essa dádiva.

Oro em nome de Jesus.

PAIGE

38
Louvando a Deus em qualquer circunstância

Formei este povo para mim mesmo; um dia,
ele me honrará perante o mundo.

Isaías 43.21

Senhor, sei que fui criada para te adorar acima de tudo. Sei que desejas que eu confie em ti o suficiente para te louvar em todas as circunstâncias — não apenas nos bons momentos, mas em tudo o que estiver acontecendo em minha vida. Sei que és sempre digno de ser louvado. Portanto, seja o que for que estiver ocorrendo em mim ou ao redor de mim, eu te adorarei, porque és maior que qualquer situação que eu possa enfrentar.

Eu te adoro como meu Criador, como meu Pai celestial e como o Deus altíssimo e onipotente para quem nada é impossível. És meu redentor, meu restaurador, meu provedor e protetor, e todos os teus caminhos são bons. Eu te louvo de todo o coração e te rendo graças por teu amor infalível por mim (Sl 9.1). Não permitirei que nada me impeça de te adorar — nem as circunstâncias nem o comportamento mau de outra pessoa. Sei que, quando te adoro, estou fazendo tua perfeita vontade, e isso é agradável a teus olhos.

Oro em nome de Jesus.

STORMIE

39
Aguardando um marido

Busque no Senhor a sua alegria, e ele lhe
dará os desejos de seu coração.
SALMOS 37.4

Senhor, às vezes fico inquieta enquanto aguardo um marido. Essa espera é muito difícil porque não sei onde ele está nem quem é. O inimigo está sempre tentando me confundir, decepcionar e desencorajar, fazendo-me duvidar que *realmente* reservaste um marido para mim. Mas, Senhor, eu me apego à tua Palavra que diz que não recusas bem algum a quem anda no caminho certo (Sl 84.11). Sabes que os desejos de meu coração são bons, porque os puseste em mim. Confio em ti e em teu tempo perfeito para que isso se cumpra.

As pessoas dizem que meus padrões bíblicos para um homem são altos demais, mas sei que esse é o plano de Satanás para me levar a fazer concessões. Minhas expectativas a respeito de um marido são aquelas que disseste que eu deveria exigir. Enquanto eu não encontrar o homem amado que reservaste para mim, ajuda-me a me afastar daqueles que são meras distrações. Senhor, usa este tempo para me moldar e me transformar na mulher que planejaste que eu fosse.

Oro em nome de Jesus.

PAIGE

40

Caminhando rumo ao futuro que Deus tem para mim

Olho nenhum viu, ouvido nenhum ouviu, e mente nenhuma imaginou o que Deus preparou para aqueles que o amam.
1CORÍNTIOS 2.9

Amado Senhor, disseste em tua Palavra que não posso sequer imaginar tudo o que preparaste para mim simplesmente porque te amo. E sei que só poderei conseguir tudo isso se andar perto de ti todos os dias. Ajuda-me a fazer isso. Não quero fazer planos sem te consultar. Não quero desenvolver uma visão própria da vida e *esperar* que a abençoes. Quero que *tu* realizes *tua* visão em minha vida.

Vejo em tua Palavra que as pessoas que andaram contigo todos os dias durante a vida inteira — como Abraão, Moisés e Davi — foram aquelas que mais abençoaste, e tu as chamaste para realizar coisas grandiosas. Ajuda-me a ser semelhante a elas, para que eu possa realizar coisas grandiosas para ti. Dá-me paz acerca de meu futuro porque eu o coloquei em tuas mãos.

Oro em nome de Jesus.

STORMIE

41
Senhor, dá-me sabedoria

A sabedoria é doce para a alma; se você a encontrar, terá um futuro brilhante, e suas esperanças não serão frustradas.

PROVÉRBIOS 24.14

Pai celestial, há muitos desejos em meu coração que eu gostaria que realizasses, mas venho à tua presença pedir-te apenas sabedoria. Senhor, tu conheces minhas circunstâncias. Conheces os momentos em que fui insensata. Quero te honrar verdadeiramente com meu caráter, minhas escolhas e minha vida. É por isso que oro para que derrames tua sabedoria sobre mim. Como eu poderia lidar com as coisas que atravessam meu caminho sem tua orientação e tua sábia perspectiva? Pai, arrependo-me das tolices cometidas no passado. Perdoa-me por eu ter pensado que era mais sábia que o Senhor.

Tua Palavra diz que és generoso em dar sabedoria livremente a *todos os que te pedirem* (Tg 1.5). Senhor, desejo ardentemente que outras pessoas sejam transformadas por meio de tua presença radiante em mim. Tua sabedoria é pura, pacífica, amável, compreensiva, cheia de misericórdia e de bons frutos, imparcial e sincera (Tg 3.17). Tua sabedoria é demasiadamente formosa — quem não sentiria atração por ela? Que a sabedoria que derramas sobre mim seja um reflexo de teu coração para as pessoas que me rodeiam.

Oro em nome de Jesus.

PAIGE

42

Como posso ver respostas às minhas orações?

Sabemos que Deus não atende pecadores, mas está pronto a ouvir aqueles que o adoram e fazem a sua vontade.

João 9.31

Senhor, disseste em tua Palavra que ouvirás nossas orações se te honrarmos por meio de adoração a ti e obediência às tuas leis. Ajuda-me a obedecer às tuas leis e a viver em teus caminhos. Confesso minha desobediência diante de ti e peço que me perdoes.

Senhor, eu te adoro acima de tudo. Eu te honro porque significas mais para mim que qualquer coisa em minha vida. Ajuda-me a não pensar, não falar e não agir de maneira irreverente ou apática em relação a ti. Decidi viver agradecida a ti o tempo todo, sem reclamar de nada, de modo que minha adoração seja sempre agradável a teus olhos. Obrigada porque me perdoas quando me apresento diante de ti com o coração arrependido. Capacita-me a viver de modo que te agrade, para que ouças minhas orações e respondas a elas de acordo com tua vontade para minha vida.

Oro em nome de Jesus.

Stormie

43
Perdoando a mim mesma

Esqueçam tudo isso; não é nada comparado ao que vou fazer. Pois estou prestes a realizar algo novo. Vejam, já comecei! [...] Abrirei um caminho no meio do deserto, farei rios na terra seca.

ISAÍAS 43.18-19

Jesus, parece que não consigo esquecer os erros que cometi. Todas as vezes que tento dar um passo adiante, Satanás lança meus erros de volta em meu rosto. Senhor, sabes que me arrependi e me sujeitei a ti de todo o coração. Tua Palavra diz que afastas de mim os meus pecados assim como o Oriente está longe do Ocidente (Sl 103.12) e que meus pecados vermelhos como escarlate se tornarão brancos como a neve (Is 1.18).

Embora o inimigo adorasse manter-me prisioneira, já tirastes os grilhões de mim. Eu simplesmente não queria aceitar tua liberdade e perdoar a mim mesma. Obrigada, Senhor, por tua misericórdia incrível e infalível. Eu não a mereço, mas a recebo de todo o coração, com imensa alegria e gratidão. Hoje é um novo dia, um novo começo. Tu me libertaste, e sou verdadeiramente livre (Jo 8.36)!

Oro em nome de Jesus.

PAIGE

44
Estabelecendo prioridades corretas

"Ame o Senhor, seu Deus de todo o seu coração, de toda a sua alma e de toda a sua mente." Este é o primeiro e o maior mandamento. O segundo é igualmente importante: "Ame o seu próximo como a si mesmo".

MATEUS 22.37-39

Senhor, minha prioridade máxima na vida é te amar de todo o meu coração. E a prioridade seguinte é amar meu próximo. Ajuda-me a fazer isso. É fácil te amar, mas às vezes é difícil amar meu próximo. No entanto, sei que, quando ponho essas prioridades no lugar certo, as outras demandas em minha vida se ajustam no lugar. Ajuda-me a te colocar acima de todas as outras coisas. Ajuda-me a te buscar em primeiro lugar todos os dias por meio da oração, do louvor e da tua Palavra.

Mostra-me quais devem ser as outras prioridades de minha vida. Ajuda-me a enxergar claramente como devo dividir meu tempo. Não quero tentar fazer muitas coisas e fazê-las de modo displicente, mas também não quero negligenciar nada do que desejas que eu faça. Ajuda-me a te honrar em tudo o que eu fizer.

Oro em nome de Jesus.

STORMIE

45
Senhor, revela meu orgulho

Não sejam egoístas, nem tentem impressionar ninguém.
FILIPENSES 2.3

Senhor, tu nos mostraste em tua Palavra que, se existe um pecado que odeias, esse pecado é o orgulho. Às vezes, não percebo a existência do orgulho em mim porque penso que isso não passa de demonstração de arrogância. Mas, Senhor, lembro que o orgulho mais comum e disfarçado é, na verdade, *insegurança* — a ideia de que não posso revelar meus problemas ou imperfeições porque devo ser perfeita e a sensação de que todos os olhares estão cravados em *mim*. Pai, perdoa-me por ser tão egoísta a ponto de pensar que o mundo inteiro se importa com meus cabelos despenteados ou espinhas indesejáveis.

A Bíblia diz que devo ser humilde e valorizar os outros mais que a mim mesma, não cuidar apenas de meus interesses, mas zelar também pelos interesses dos outros (Fp 2.4). Grande parte de minha insegurança desapareceria se eu tirasse os olhos de mim e os focasse nas outras pessoas. A vida não gira em torno de mim... gira em torno de ti, Senhor. Revela qualquer forma de orgulho que tenha me envenenado por dentro e remove-a. Dá-me um espírito humilde que reflita a atitude e a glória de meu Criador. É necessário que tu cresças e que eu diminua (Jo 3.30).

Oro em nome de Jesus.

PAIGE

46
Quando não me sinto bem comigo

*"Porque eu sei os planos que tenho para vocês",
diz o Senhor. "São planos de bem, e não de mal,
para lhes dar o futuro pelo qual anseiam."*
Jeremias 29.11

Amado Senhor, às vezes não me sinto bem comigo mesma. Olho para mim com o olhar crítico de um juiz e me condeno por sentir-me inadequada. Sei que não é assim que me vês. Tu me vês a partir do futuro grandioso que tens para mim, e não a partir de meu passado. Vejo tudo o que fizeste por mim, mas tu vês tudo o que *estás* fazendo e que *farás* em mim.

Obrigada porque me vês como tua filha preciosa, e diariamente me transformas para que eu seja mais semelhante a ti. Quando eu for tentada a ter pensamentos negativos sobre mim e meu futuro, ajuda-me a resistir ao estratagema do inimigo e a permanecer firme. Livra-me de ceder à tentação de olhar para mim mesma, e eleva meus olhos para que se concentrem em ti, de modo que eu te louve por tudo o que é bom em minha vida.

Oro em nome de Jesus.

Stormie

47
Dá-me discernimento

*Ouçam, eu os envio como ovelhas no meio de lobos. Portanto,
sejam espertos como serpentes e simples como pombas.*
Mateus 10.16

Pai, a cada ano que passa mais vejo minha necessidade desesperada de discernimento. Andei muitas vezes por estradas que pareciam bem iluminadas e que garantiam esperança, mas posteriormente descobri que eram sujas e escuras, nem um pouco semelhantes ao que prometiam. Senhor, dá-me um espírito de discernimento para que eu seja capaz de perceber quando algo não está certo nem vem de ti. A maioria dos pecados não se apresenta como maldade, mas como *coisa boa*. Mantém meus olhos abertos para isso e conserva meu coração sábio e astuto. Ajuda-me a guardar tua Palavra no coração para não pecar contra ti (Sl 119.11).

Sou bombardeada diariamente com muitas mensagens produzidas por nossa cultura. Admito que às vezes sou preguiçosa e não procuro separar nem discernir *cada uma* dessas mensagens. Não permitas que eu aceite o alimento que o mundo me oferece; quero ser sustentada somente por tua Verdade. Dá-me poder mediante teu Espírito para provar de tudo, ficar com o que é bom e afastar-me de toda forma de mal (1Ts 5.21-22). É por meio de teu exemplo que eu vivo.

Oro em nome de Jesus.

Paige

48
Vivendo com um coração agradecido

*Oferecerei a ti um sacrifício de ação de graças
e louvarei o nome do SENHOR.*
SALMOS 116.17

Querido Jesus, nunca pensei em ser grata a ti como um sacrifício até ler sobre isso em tua Palavra. Mas entendo que se trata de uma escolha que fazemos para reconhecer-te e ser gratos a ti por tudo o que tens feito por nós. Entendo também que nem todos fazem essa escolha — nem mesmo todos os teus filhos. Mas eu faço essa escolha neste momento para te honrar e viver com um coração grato a ti todos os dias.

Não tenho palavras para agradecer tudo o que tens feito por mim. Tu me salvaste da morte e me deste um propósito sublime. Protegeste-me e deste-me teu Santo Espírito para me guiar, orientar e consolar. Eu te adoro por seres quem és e te louvo por tudo o que estás fazendo e farás por mim. Não importa o que esteja acontecendo em minha vida, eu invoco teu nome com amor, reverência e agradecimento no coração.

Oro em nome de Jesus.

STORMIE

49

Senhor, mostra meus dons espirituais

*Juntos, todos vocês são o corpo de Cristo,
e cada um é uma parte dele.*
1Coríntios 12.27

Senhor, gosto muito de saber que tua Palavra diz que colocaste dons espirituais dentro de cada um de teus filhos. Não tenho de andar pela vida imaginando por que estou aqui — tu me deste um propósito e as ferramentas para pôr esse propósito em prática. Declaraste-me membro de tua Igreja, o corpo de Cristo, e me atribuíste um papel específico nela. Obrigada porque cada um de nós tem um dom diferente, pois, se fôssemos todos iguais, onde o corpo estaria (1Co 12.19)?

Pai, mostra-me, por favor, os dons que colocaste dentro de mim. Tu me deste esses dons para que eu os usasse, os expandisse e os distribuísse livremente. Desejo ser boa administradora de tudo o que me confiaste; ajuda-me a usá-los conforme teu propósito. É maravilhoso saber que esses dons não apenas me edificam e fortalecem meu relacionamento contigo, mas também se destinam a abençoar outras pessoas. Obrigada, Senhor, por me concederes uma parcela incrível de ti por meio desses dons.

Oro em nome de Jesus.

Paige

50

Optando por andar no Espírito

Vocês, porém, não são controlados pela natureza humana, mas pelo Espírito, se de fato o Espírito de Deus habita em vocês. E, se alguém não tem o Espírito de Cristo, a ele não pertence.

ROMANOS 8.9

Querido Jesus, obrigada porque o fato de eu tê-lo recebido como meu Salvador trouxe teu Santo Espírito para habitar em mim. Teu Espírito em mim indica que agora sou tua e tenho o poder de me recusar a andar de acordo com os desejos da carne. Não sou mais controlada por minha natureza pecaminosa. Abriste o caminho e decidi te seguir, mas ainda tenho de fazer escolhas diárias para andar no Espírito em vez de andar na carne.

Ajuda-me a optar todos os dias por te servir e andar em teu caminho, sendo conduzida por teu Santo Espírito em mim. Sei que aqueles que andam segundo a natureza humana não podem te agradar; portanto, ajuda-me a permanecer firme, a me concentrar nas coisas do Espírito e a não ter a mente voltada para o que a carne deseja (Rm 8.5).

Oro em nome de Jesus.

STORMIE

51

Respeitando a mim mesma

*A mulher bonita, mas indiscreta,
é como anel de ouro em focinho de porco.*

PROVÉRBIOS 11.22

Pai celestial, receio não estar representando a posição honrosa na qual me colocaste. Chamaste-me para ser uma mulher de caráter nobre e respeitada. Instruíste-me a me apresentar com belo recato e espírito sábio. Senhor, perdoa-me por trocar tuas qualidades admiráveis pelas inclinações deste mundo. Minha cultura exalta as mulheres provocantes e com princípios morais frouxos. Sei que tens padrões mais altos para nós, porque nos valorizas mais do que somos capazes de entender.

Colocaste tua beleza dentro de mim para que eu não permitisse que ela fosse difamada ou menosprezada. Ficas com o coração partido quando vês tuas filhas preciosas se atirarem nos braços dos rapazes, aceitando comentários grosseiros como se fossem elogios, e atraindo para seu corpo atenção inadequada. Tu me criaste para ser mais que isso, Senhor. Lembra-me de que sou uma pessoa digna. Que meu coração se envergonhe imediatamente no instante em que eu me apresentar como uma mulher com menos valor que aquele que me deste. Tu me coroaste como tua filha e princesa; gravaste tua realeza em meu coração.

Oro em nome de Jesus.

PAIGE

52

Orando por pessoas problemáticas

Ajudem a levar os fardos uns dos outros e obedeçam, desse modo, à lei de Cristo.

GÁLATAS 6.2

Senhor, apresento diante de ti a pessoa com quem tenho mais dificuldade de lidar. Sei que desejas que eu ame as outras pessoas da maneira que tu as amas, mas confesso que, neste caso, sinto que isso é muito difícil de fazer. Peço-te uma infusão especial de teu amor em meu coração, para que ele transborde principalmente sobre a pessoa que considero impossível amar. Mostra-me o que se passa com ela. Ajuda-me a entender qual é a perturbação ou a mágoa que ela carrega no coração. Dá-me paciência e entendimento.

Quando alguém se transformar numa pessoa com a qual eu venha a ter dificuldade de lidar, capacita-me a orar por ela em vez de ficar zangada ou ressentida. Revela qualquer coisa em mim que esteja contribuindo para as dificuldades nesse relacionamento. Mostra-me uma forma melhor de me relacionar com ela, algo que produza bons resultados. Oro para que essa pessoa problemática seja tocada por teu amor e paz. Elimina a tensão desconfortável entre nós.

Oro em nome de Jesus.

STORMIE

53
Dá-me fé verdadeira

Porque a sua fé é muito pequena. [...] Eu lhes digo a verdade: se tivessem fé, ainda que do tamanho de uma semente de mostarda, poderiam dizer a este monte: "Mova-se daqui para lá", e ele se moveria. Nada será impossível para vocês.

MATEUS 17.20

Senhor, peço-te uma medida maior de fé. Creio que és o Criador do universo e és todo-poderoso. Livra meu coração das dúvidas que procuram impedir que tu realizes tua obra em mim. Pediste-me que eu tivesse fé para acreditar verdadeiramente que és quem dizes ser, e farás o que prometeste. Declaro minha confiança em ti.

A fé me dá convicção daquilo que não consigo ver (Hb 11.1). Dá-me um coração confiante de que tua Palavra e tua presença estão comigo. Por meio da oração, eu me conecto com a Fonte da Vida! Orienta-me a pedir com fé tudo o que estiver em conformidade com tua vontade, para que eu veja o cumprimento de tua promessa (Mt 21.22). Senhor, ajuda-me a orar com fé sincera, para que minhas orações sejam capazes de mover montes em minha vida e na vida das outras pessoas.

Oro em nome de Jesus.

PAIGE

54

Evitando que as emoções governem meu dia

É pela perseverança que obterão a vida.

LUCAS 21.19

Senhor, sei que me deste capacidade para sentir emoções, mas sei também que não desejas que elas controlem ou afetem minha vida de maneira negativa. Às vezes, porém, quando as coisas não saem do jeito que eu queria, parece que é o fim do mundo. Quando as emoções tomarem conta de mim, dá-me força para resistir àquelas que forem negativas e levar cada sentimento a ti. Sei que entendes minhas emoções melhor que eu.

Ajuda-me a não viver ao sabor das emoções, porque sei que sou capaz de ter sentimentos errados. Posso *achar-me* feia, idiota, ou pensar que não te importas comigo. Mas tua Palavra diz que nada disso é verdadeiro e que não posso confiar em meus sentimentos porque nem sempre eles me dizem a verdade. Dá-me capacidade para controlar as emoções e reconhecer aquelas que não têm valor nenhum. Ensina-me a expressar sentimentos que tenham propósito. Quero que minhas emoções sejam controladas por ti e governadas por tua verdade.

Oro em nome de Jesus.

STORMIE

55

Senhor, dá-me confiança

Portanto, não abram mão de sua firme confiança. Lembrem-se da grande recompensa que ela lhes traz. Vocês precisam perseverar, a fim de que, depois de terem feito a vontade de Deus, recebam tudo que ele lhes prometeu.

HEBREUS 10.35-36

Pai, se há uma coisa que me falta neste momento em que quero seguir teu chamado, é confiança. Sinto-me totalmente inadequada para realizar aquilo que puseste diante de mim, mas sei que tua Palavra diz que me deste tudo de que necessito para a vida e para a piedade (2Pe 1.3). Senhor, penso na ocasião em que deste a Maria a notícia mais arrebatadora que alguém poderia ouvir: *dela nasceria o teu Filho*. No entanto, a resposta de Maria foi completamente calma e segura: "Que aconteça comigo tudo que foi dito a meu respeito" (Lc 1.38).

Jesus, peço-te a mesma fé. Peço-te confiança — não em mim, mas em ti. Sou teu vaso, Deus, e creio que tudo o que fizeres por meu intermédio terá um poder incrível. Arrependo-me de como impedi tua aproximação por causa de minhas dúvidas. Lanço fora meu egoísmo e meu medo e declaro que posso *todas* as coisas por meio de Cristo, que me fortalece (Fp 4.13)!

Oro em nome de Jesus.

PAIGE

56
Superando a pressão dos colegas

Não tenha outros deuses além de mim.
ÊXODO 20.3

Pai celestial, venho a ti para buscar tua força. Às vezes, sinto-me pressionada por certas pessoas ao meu redor para fazer as coisas que *elas* estão fazendo, embora isso não seja o que tens de melhor para minha vida. Ajuda-me a não fazer nada que minha alma não considere certo, nada que eu saiba que é errado ou que não te glorifica. Capacita-me a não desejar ser mais querida pelos outros que agradar a ti. Ajuda-me a não querer me adaptar aos planos *deles* mais que ao teu plano. Quero ser aprovada e aceita por ti, não pelos outros.

Em vez de ser influenciada pelos outros de maneira negativa, oro para que teu Espírito em mim atraia essas pessoas a ti e *as* influencie de maneira positiva. Habilita-*me* a ser a influenciadora que afasta os outros de problemas. Quero viver de acordo com teu padrão para minha vida, não de acordo com o padrão dos outros. Tu és meu Deus e dedico minha fidelidade a ti.

Oro em nome de Jesus.

STORMIE

57
Enxergando-me através dos olhos de Deus

Tu formaste o meu interior e me teceste no ventre de minha mãe.
SALMOS 139.13

Senhor, dá-me os teus olhos, porque os meus não enxergam claramente. Quando olho para mim, vejo deficiências. Quando olhas para mim, vês tua filha amada a quem deste tudo. Pai, obrigada porque me criaste. Tua Palavra diz que me fizeste de modo extraordinário (Sl 139.14). Ajuda-me a enxergar isso. Quando eu olhar no espelho, dirige meus olhos para partes específicas e revela a beleza que existe em áreas que nunca notei antes. Dá-me um vislumbre do motivo pelo qual criaste cada parte de mim, para que eu possa me enxergar da mesma maneira que me enxergas.

Senhor, obrigada porque, quando olhas para mim, vês o propósito e o futuro para os quais me criaste. Vês a filha que redimiste, cuja vergonha trocaste por honra. Pai, ninguém me vê mais bela e mais preciosa do que tu me vês. Provaste que tenho valor quando enviaste teu único Filho para morrer em meu lugar. Graças a teu sacrifício, o valor de minha vida é imensurável.

Oro em nome de Jesus.

PAIGE

58
Quando minhas orações não são respondidas

Dediquem-se à oração com a mente alerta e o coração agradecido.
COLOSSENSES 4.2

Senhor, há pedidos que tenho feito em oração e para os quais não recebi resposta. Ajuda-me a agir como disseste em tua Palavra, continuando a orar com coração agradecido. Obrigada porque ouves minhas orações. Ajuda-me a confiar que responderás à tua maneira e em teu tempo. Sei que meu dever é orar e que responderás conforme achares melhor. Ajuda-me a cumprir meu dever e a orar de acordo com tua vontade.

Se eu não estiver percebendo alguma resposta tua à minha oração pelo fato de tal resposta não corresponder ao que eu esperava, abre-me os olhos para enxergar a verdade. Se a resposta for "não", ajuda-me a descansar em ti porque, acima de tudo, quero que tua vontade seja feita em minha vida. Se devo continuar a orar sobre esse assunto, ajuda-me a persistir e a não desanimar enquanto aguardo a resposta que tens para mim.

Oro em nome de Jesus.

STORMIE

59
Acende minha paixão

Em tudo que fizerem, trabalhem de bom ânimo [...]. Lembrem-se de que o Senhor lhes dará uma herança como recompensa.
Colossenses 3.23-24

Pai, tu me deste um propósito para viver neste mundo. Acende a paixão de minha alma para as coisas que estás me chamando a fazer. Ateia fogo em meu coração para as pessoas específicas a quem devo ministrar. Quero transbordar de compaixão e amor por elas e estar disposta a servi-las a qualquer preço. Não permitas que eu sucumba às mentiras deste mundo que dizem que só devo me preocupar comigo e com a melhor maneira de ganhar dinheiro. Entrego-me de corpo e alma a teu plano gratificante e radical para mim. Não permitas que eu seja indiferente a isso, porque disseste que a acomodação dos tolos os destruirá (Pv 1.32).

Senhor, entrego-te tudo o que amo e tudo o que detesto. Transforma essas coisas em paixão por te servir. Como tua seguidora, minha vida não deve ser nem um pouco sombria e meu coração deve ser apenas apaixonado por ti. Que minha vida revele a este mundo agonizante como é divertida e bela a aventura de seguir meu Senhor!

Oro em nome de Jesus.

Paige

60
Curando um coração partido

O Senhor ouve os justos quando clamam por socorro; ele os livra de todas as suas angústias. O Senhor está perto dos que têm o coração quebrantado e resgata os de espírito oprimido.

Salmos 34.17-18

Senhor, tua Palavra diz que, quando me aproximo de ti com coração humilde, tu ouves minhas orações e me livras de meus problemas. Venho a ti neste momento com o coração cheio de mágoas, como se estivesse despedaçado, ou por coisas que aconteceram no passado ou por algo que esteja acontecendo agora. Oro para que o restaures e cures. Leva o sofrimento embora e ajuda-me a lidar com a situação que o causou.

Obrigada porque prometeste ouvir minhas orações e me libertar das dificuldades. Estás perto daqueles que têm o coração quebrantado, e necessito da presença de teu Santo Espírito para consolar meu coração neste instante. Dá-me um coração livre de sofrimento e repleto da certeza dos dias bons que reservaste para mim.

Oro em nome de Jesus.

STORMIE

61
Senhor, ajuda-me a ser pura

Que não haja entre vocês imoralidade sexual, impureza ou ganância. Esses pecados não têm lugar no meio do povo santo.

Efésios 5.3

Jesus, venho a ti suplicando por pureza. É difícil demais ser pura, não apenas fisicamente, mas também na mente e no coração. Fortalece-me contra os desejos da carne que guerreiam em minha alma. Submeto-me a ti e peço que me abasteças com o que é correto, puro, amável e admirável (Fp 4.8). Somente por tua graça posso permanecer firme em meio à tentação.

Senhor, mostra-me especificamente o que significa andar em pureza de acordo com teus padrões, e convence-me se eu estiver desobedecendo a eles. Obrigada, Pai, porque não estás me tolhendo das coisas boas e prazerosas, mas protegendo-me do mal, para que eu possa aproveitar totalmente o sexo conforme tu desejas. "Cria em mim, ó Deus, um coração puro; renova dentro de mim um espírito firme" (Sl 51.10). Leva embora todos os meus erros do passado, para que eu seja pura e íntegra a teus olhos. Sou imensamente grata por tua graça e agarro-me à tua proteção.

Oro em nome de Jesus.

Paige

62
Livra-me da inveja

*O contentamento dá saúde ao corpo; a inveja
é como câncer nos ossos.*

PROVÉRBIOS 14.30

Amado Senhor, ajuda-me a nunca me equiparar com as outras pessoas nem comparar minhas circunstâncias com as delas. Não quero sentir inveja de ninguém, porque sei que esse sentimento não traz nada de bom à minha vida, apenas confusão e toda espécie de males (Tg 3.16). Ajuda-me a não pensar no que alguém possui e eu não. Ao contrário, ajuda-me a pensar em tudo o que *tu* tens para mim: teu amor, teus dons, tua ajuda, teu poder e tua provisão.

Sei que a inveja só produz infelicidade na pessoa que a experimenta. Portanto, se houver alguém que sinta inveja de mim por qualquer motivo, oro para que teu amor em mim seja tão forte a ponto de encobrir os sentimentos negativos daquela pessoa. Se eu notar que alguém sente inveja de mim, lembra-me de orar por essa pessoa para que ela se livre dessa atitude terrível e destrutiva. Capacita-me a ser completamente livre da podridão da inveja.

Oro em nome de Jesus.

STORMIE

63
Senhor, necessito de cura

SENHOR, meu Deus, clamei a ti por socorro,
e restauraste minha saúde.

SALMOS 30.2

Jesus, eu venho a ti sabendo que és o Médico dos médicos. Meu corpo inteiro está enfermo e recorro a ti em primeiro lugar — e acima de tudo — para que o restaures. Tu teceste meu corpo e conheces cada pedacinho dele (Sl 139.13). Não há ninguém que conheça melhor o que se passa dentro de mim, e não há ninguém com poder maior para me curar. Senhor, *em nome de Jesus*, peço que cures meu corpo e restaures totalmente minha saúde. Oro para que desamarres as cordas com as quais o inimigo me prendeu e me laves com teu sangue purificador.

Pai, derrama teu Espírito Santo sobre mim para que meu corpo seja completamente abastecido com tua poderosa presença, e não com a fraqueza da carne. Creio que és capaz de me curar e, sobretudo, que desejas usar minha vida para teu propósito maravilhoso. Confio *todas* as coisas a ti, e sei que por tuas feridas sou curada (Is 53.5).

Oro em nome de Jesus.

PAIGE

64

Não quero viver com medo

*Esse amor não tem medo, pois o perfeito amor afasta todo medo.
Se temos medo, é porque tememos o castigo, e isso mostra que
ainda não experimentamos plenamente o amor.*

1João 4.18

Senhor, sei que não desejas que eu viva com medo, porque o medo não procede de ti. Ao contrário, desejas que eu confie em ti. Quando ouço notícias do que está acontecendo no mundo, receio que aquelas coisas venham a acontecer comigo ou com pessoas próximas a mim. Costumo ter medo do que as pessoas pensam, mas sei que quem confia em ti está seguro (Pv 29.25).

Obrigada porque teu perfeito amor lança fora todo medo. Abro o coração e peço um derramamento renovado de teu perfeito amor sobre mim. Ajuda-me a permanecer perto de ti, para sentir sempre teu amor fluindo através de mim e eliminando todo medo (2Tm 1.7). Protege-me e livra-me das ameaças que me aterrorizam. Sei que quanto mais perto eu ficar de ti, mais distante o medo estará de mim.

Oro em nome de Jesus.

STORMIE

65

O que é amor verdadeiro?

*Três coisas, na verdade, permanecerão: a fé, a esperança
e o amor, e a maior delas é o amor.*

1Coríntios 13.13

Pai, sinto que minha definição de amor foi manchada.
Em todos os lugares por onde ando, as pessoas dizem
estar "apaixonadas", mas isso nem sequer chega perto do amor conforme tu definiste. Senhor, não quero
dizer a esmo as palavras "eu te amo". Entendo que,
quando as digo, elas não se referem apenas a um sentimento romântico, mas a um compromisso verdadeiro. Tua Palavra diz que o amor é paciente e bondoso.
Que não é ciumento nem presunçoso, não é orgulho-
so nem grosseiro. O amor não procura os próprios interesses, não se irrita facilmente, nem guarda rancor.
Disseste que o amor não se alegra com a injustiça, mas
sim com a verdade. O amor sempre confia, sempre espera, sempre persevera. Acima de tudo, o amor nunca
perece (1Co 13.4-8).

Senhor, és o Autor do amor; por isso, peço que
escrevas essa definição em meu coração para que eu
seja guiada por essa verdade. Não permitas que eu me
canse da pureza do amor verdadeiro e sucumba à ideia
que o mundo tem dele. Eu me deleito em teu amor e
peço que ele transborde em mim.

Oro em nome de Jesus.

PAIGE

66
Entendendo meu propósito

*Que ele conceda os desejos do seu coração e lhe
dê sucesso em todos os seus planos.*

SALMOS 20.4

Amado Senhor, obrigada porque, quando me criaste, tinhas um propósito para eu cumprir. Obrigada porque me salvaste e me chamaste com uma santa vocação de acordo com teu propósito para minha vida (2Tm 1.9). Peço sabedoria e conhecimento para entender qual é meu chamado (Ef 1.17-18). Sei que só encontrarei a felicidade e a paz verdadeiras quando cumprir o chamado que tens para mim. Mesmo que eu não conheça todos os detalhes, capacita-me a sentir a direção que devo seguir, e mostra-me claramente a direção que *não* devo seguir.

Sei que fui chamada para servir a ti e ao meu próximo; portanto, peço que me ensines a fazer isso. Revela-me os dons e talentos que colocaste em mim, para que eu possa servir melhor a teus propósitos. Dá-me uma visão clara para minha vida. Não quero lutar para ser algo que não faça parte de teu chamado para mim.

Oro em nome de Jesus.

STORMIE

67
Ensina-me a fazer discípulos

Portanto, vão e façam discípulos de todas as nações, batizando-os em nome do Pai, do Filho e do Espírito Santo.

MATEUS 28.19

Senhor, tua Palavra diz que devemos fazer discípulos de todas as nações, mas há situações em que não sei sequer por onde começar. Mostra-me como construir relacionamentos firmes com as pessoas e como investir na vida delas. Ajuda-me a ser mais atenta às necessidades de meus semelhantes. Às vezes, elas são óbvias; às vezes, não. Confio em tua orientação para me mostrar a quem devo servir e como ministrar a cada pessoa. Concede-me coragem e graça para falar de ti aos outros.

Jesus, quando estiveste entre nós, foi notável o cuidado que demonstraste antes de ministrar às pessoas. Embora conhecesses suas principais necessidades espirituais, tu sempre cuidaste das necessidades físicas, provando tua verdade e amor por elas. Pai, capacita-me a ser uma líder compassiva e um exemplo de vida. Que o desejo de meu coração seja o de passar o tempo buscando a ti e à tua Palavra. Derrama-a sobre mim, para que eu aprenda contigo a derramá-la sobre os outros.

Oro em nome de Jesus.

PAIGE

68
Produzindo bom fruto

*O Espírito produz este fruto: amor, alegria, paz, paciência,
amabilidade, bondade, fidelidade, mansidão e domínio próprio.*

GÁLATAS 5.22-23

Pai celestial, sei que és o Deus de toda criatividade e frutificação. Peço que plantes as sementes da criatividade e da frutificação em mim, para que eu produza bom fruto em minha vida. Ajuda-me a ser como a árvore plantada à margem do rio, que dá seu fruto e prospera no tempo certo (Sl 1.3). Capacita-me a ter uma vida frutífera e cheia de coisas boas.

Obrigada porque o Espírito Santo em mim produz o fruto de teu Espírito. Oro para que faças brotar teu amor, tua alegria e tua paz em mim. Ajuda-me a ter mais paciência, amabilidade e bondade. Capacita-me a exibir grande fidelidade, mansidão e domínio próprio, para que eu reflita teu caráter. Sei que só posso produzir esse tipo de fruto em minha vida porque teu Espírito habita em mim. Oro para que essas virtudes se tornem visíveis em mim, sinalizando aos outros que estás trabalhando poderosamente em minha vida.

Oro em nome de Jesus.

STORMIE

69

Promessas em meu sofrimento

*E sabemos que Deus faz todas as coisas cooperarem
para o bem daqueles que o amam e que são
chamados de acordo com seu propósito.*

ROMANOS 8.28

Pai, não sou capaz de ver o que estás fazendo neste instante. Tudo o que vejo e sinto é este sofrimento pelo qual estou passando. Abre-me os olhos, Senhor. Tua Palavra diz que és bom, que nunca me abandonarás e que tenho todos os motivos para confiar em ti. Diz também que és Pai misericordioso e Deus de todo encorajamento, que nos encoraja em todas as nossas aflições, para que nós também possamos encorajar outros (2Co 1.3-4). Tu não apenas nos vês em nossas tribulações, mas também as usa para que encorajemos outras pessoas e ministremos a elas.

Teus caminhos não são os meus caminhos — *são melhores*. Obrigada porque nada do que estou atravessando será perdido, pois sempre tens um propósito em meio ao meu sofrimento. Aquilo que Satanás planejou para ser meu fim tu transformaste na história grandiosa da redenção. Senhor, confio em ti e me submeto a ti em tudo o que estás fazendo. Substitui minha tristeza por alegria e minha visão tacanha por esperança eterna. Agarro-me a tuas promessas, porque elas asseguram meu bem.

Oro em nome de Jesus.

PAIGE

70
Resistindo à tentação

*Vemos, portanto, que o Senhor sabe resgatar das
provações os que lhe são devotos.*

2Pedro 2.9

Senhor, sei que nunca nos conduzes à tentação, mas sempre nos *livras* dela quando te pedimos (Tg 1.13). Portanto, todas as vezes que eu for tentada a me desviar do caminho que traçaste para mim, oro para que toques minha consciência e me dês força para permanecer firme diante de todas as tentações. Ajuda-me a resistir a qualquer coisa que me fascine e me afaste do que tens de melhor para minha vida.

Sei que nada está oculto a teus olhos e que vês todas as coisas (Hb 4.13). Quero que todas as minhas ações sejam aprovadas por ti. Torna-me sempre alerta a tudo o que acontece a meu redor para que eu não seja pega de surpresa. Livra-me de sentir atração por alguém ou algo que não seja bom para minha vida. Salva-me de minha fraqueza. Se já caí em tentação, oro para que me fortaleças a fim de que eu resista ao plano do inimigo para minha vida.

Oro em nome de Jesus.

Stormie

71
Sou tua embaixadora

Agora, portanto, somos embaixadores de Cristo;
Deus faz seu apelo por nosso intermédio.
2Coríntios 5.20

Senhor, obrigada porque me nomeaste tua embaixadora. Sinto-me grandemente honrada por permitires que meu nome seja associado ao teu. Isso é muito importante para mim e me apego a ti, pedindo que teu Espírito me dirija. Sei que o fato de ser tua embaixadora é muito sério, porque, se eu disser que te sigo, *preciso realmente te seguir*. Há muita gente hipócrita e falsa por aí, e não quero ser assim. Essas pessoas deixam o mundo confuso a teu respeito porque a vida delas não mostra nenhum sinal de teu amor, tua graça e teu poder.

Ajuda-me a ser uma testemunha verdadeira que entregou a vida a ti e, portanto, só pode viver de acordo com tua direção. Disseste que devemos viver com sabedoria entre os que são de fora (Cl 4.5), porque podemos ser a única evidência de ti para essas pessoas. Senhor, faz diferença em mim de tal forma que seja vista por todos. Meu desejo é que os incrédulos se maravilhem e se perguntem o que eu tenho e que eles não têm, para que eu responda simplesmente: *Jesus*.

Oro em teu nome.

PAIGE

72

Recusando-me a entrar em desespero

Estejam atentos! Tomem cuidado com seu grande inimigo, o diabo, que anda como um leão rugindo à sua volta, à procura de alguém para devorar.

1Pedro 5.8

Amado Senhor, ajuda-me a estar alerta contra as más influências ao meu redor neste mundo. Capacita-me a permanecer firme e a resistir a elas. Não quero ser fraca e desesperada demais a ponto de me sujeitar a conviver com determinado grupo ou pessoa que me leve a fazer ou ver algo que não seja bom para minha vida. Ajuda-me a ser vigilante e a não agir com ingenuidade diante dos perigos. Ensina-me a reconhecer uma situação que possa ser prejudicial para mim.

Sei que me chamaste à pureza e à santidade. Não quero jamais transigir nisso. Se já aceitei, vi, observei ou fiz algo que não tenha sido de teu agrado, peço que me perdoes e me capacites a resistir a qualquer desespero de sucumbir à pressão dos ímpios. Quero ficar afoita apenas pelo desejo de receber mais de ti e de tudo o que tens para mim.

Oro em nome de Jesus.

Stormie

73
Senhor, guarda meu coração

*Acima de todas as coisas, guarde seu coração,
pois ele dirige o rumo de sua vida.*
PROVÉRBIOS 4.23

Pai celestial, sinto uma guerra dentro do coração. Todos os dias sou atraída e seduzida por algo novo que busca roubar tudo o que me deste. Jesus, eu escondo meu coração em tuas mãos, porque sei que é o único lugar seguro. Protege-o e preserva-o, para que ele não seja endurecido nem usado exaustivamente por este mundo. Mostra-me como ter integridade em meus relacionamentos, para que eu não derrube as paredes que foram feitas para me proteger.

Senhor, guarda a chave de meu coração bem apertada em tuas mãos. Peço que *tu* decidas quando e a quem devo entregá-lo. Tua Palavra diz que não devemos despertar nem provocar o amor antes do tempo devido (Ct 2.7), e sei que só tu tens autoridade sobre esse tempo. Guarda meu coração para que ninguém venha roubar as preciosidades que nele existem — e, acima de tudo, ajuda-me a não abrir mão delas descuidadamente. Lembra-me de que sou uma pessoa digna. Sela-me com teu amor, verdade e valor.

Oro em nome de Jesus.

PAIGE

74
Tomando decisões sábias

Se algum de vocês precisar de sabedoria,
peça a nosso Deus generoso, e receberá.
TIAGO 1.5

Amado Senhor, oro para que me concedas sabedoria, a fim de que eu sempre faça boas escolhas. Ajuda-me a buscar tua sabedoria em todas as coisas e a prestar atenção aos conselhos de pessoas sábias. Afasta-me de conselhos que não sejam sábios nem piedosos. Ajuda-me a obter sabedoria e entendimento todas as vezes que ler tua Palavra (Pv 4.5-6).

Obrigada porque as decisões sábias podem me proteger do mal (Pv 2.10-12), salvar do perigo (Pv 3.23) e ajudar a ter vida longa (Pv 3.16). Sei que o temor a ti é o princípio da sabedoria (Pv 9.10). Ajuda-me a temer a ti todos os dias. Ensina-me a valorizar a sabedoria, porque tua Palavra diz que ela é melhor que ouro (Pv 16.16). Lembra-me de sempre te consultar antes de tomar qualquer decisão. Ajuda-me a obter sabedoria, para que eu faça escolhas certas todos os dias.

Oro em nome de Jesus.

STORMIE

75
Leva minha ira embora

A resposta gentil desvia o furor,
mas a palavra ríspida desperta a ira.
PROVÉRBIOS 15.1

Querido Jesus, confesso a ti que há ira armazenada dentro de mim. Não sei exatamente como isso aconteceu, porém detesto o modo pelo qual ela se incendeia e me deixa a ponto de explodir. Senhor, não quero ser uma pessoa assim. Não é justo eu agir dessa forma com aqueles que me rodeiam, e certamente não é uma característica que desejas que eu tenha. Tua palavra diz que devo abandonar a ira, a raiva, a maldade, a maledicência e outras coisas semelhantes (Cl 3.8). E, por eu ser tua filha amada, tu me chamaste a revestir-me de compaixão, bondade, mansidão e paciência (Cl 3.12).

Pai, clamo por um novo derramamento dessas qualidades sobre minha vida. Em teu nome, arranca a ira que criou raízes em meu coração. Mostra-me em detalhes o que existe no interior de meu temperamento e, se em meu coração houver rancor por alguém, revela isso a mim. Liberta-me desta escravidão para que eu seja capaz de amar de modo mais livre e pleno. Ajuda-me a buscar tua paz e a ser uma mulher paciente em todas as situações.

Oro em nome de Jesus.

PAIGE

76
Permanecendo firme em tempos difíceis

Estejam vigilantes. Permaneçam firmes na fé.
Sejam corajosos. Sejam fortes.
1Coríntios 16.13

Amado Senhor, eu te agradeço porque me deste o Espírito Santo para ser meu Encorajador e Ajudador. Sou especialmente grata por ele estar comigo nos tempos difíceis de minha vida. Sei que, cedo ou tarde, todos passam por provações; porém, tu estás sempre perto daqueles que te buscam. Recorro a ti neste momento, pedindo que extraias coisas boas daquilo que está acontecendo ou que aconteceu, daquilo que me aflige ou causa sofrimento. Ajuda-me a vigiar em oração, a ser firme na fé, corajosa e destemida.

Obrigada porque cuidas de todas as coisas que prezo e entendes minhas lutas muito melhor do que *eu* as entendo. Capacita-me a permanecer firme quando passar por situações difíceis e, acima de tudo, fortalece-me cada vez mais porque coloquei minha esperança em ti e dependo de ti para conseguir atravessá-las. Ensina-me a ser sempre vigilante na oração e a ter mais fé em ti.

Oro em nome de Jesus.

Stormie

77
Mantém meus olhos fixos em ti

Sei que o Senhor está sempre comigo;
não serei abalado, pois ele está à minha direita.
Salmos 16.8

Senhor Jesus, às vezes tudo parece confuso demais à minha volta. No entanto, descobri que, quando meu mundo gira dessa forma, isso é sinal de que não mantive os olhos fixos em ti. Não és apenas o Criador dos céus e da terra, mas tu manténs *tudo em harmonia* (Cl 1.17). Senhor, sê o centro de minha vida. Mantém meus olhos fixos e concentrados em ti, para que, seja o que for que desabe sobre mim, eu jamais desfaleça.

Ajuda-me a não me concentrar por muito tempo nas coisas deste mundo, para que meus olhos não se desviem de ti. Deus, és minha Rocha e meu Alicerce. És a gravidade que mantém meus pés no chão. Quando meus olhos estão fixos em ti, todas as outras coisas são focalizadas corretamente. É como se fosses os óculos através dos quais vejo o mundo. Senhor, teus caminhos me trazem alegria e tua visão me traz paz. Quero manter os olhos sempre fixos em meu Rei precioso.

Oro em nome de Jesus.

Paige

78
Estou preocupada com minha segurança

Se você se refugiar no Senhor, se fizer do Altíssimo seu abrigo, nenhum mal o atingirá, nenhuma praga se aproximará de sua casa.
SALMOS 91.9-10

Amado Senhor, o mundo parece ser um lugar muito perigoso, e às vezes temo por minha segurança. Oro para que me protejas dos planos das pessoas más e me mantenhas longe de perigos, acidentes ou enfermidades. Oro também pelos membros de minha família e amigos, para que os protejas e os mantenhas em lugar seguro.

Obrigada porque deste ordens a teus anjos a meu respeito para que me protejam em todos os meus caminhos (Sl 91.11). Sei que não posso fazer tudo o que desejo e conto com tua proteção para me livrar das consequências dessas escolhas. Peço, portanto, que me orientes. Ajuda-me a ouvir a voz de teu Santo Espírito falando ao meu coração o tempo todo, mostrando o caminho que devo seguir e o que devo ou não fazer. Mostra-me como abafar os ruídos de minha vida para ouvir tua voz me conduzindo.

Oro em nome de Jesus.

STORMIE

79
Ajuda-me a ser boa ouvinte

*Quem fala demais acaba pecando; quem é
prudente fica de boca fechada.*
PROVÉRBIOS 10.19

Senhor, tenho notado que há poucas pessoas que ouvem mais do que falam. É sempre triste quando passo uma hora com uma amiga e ela dificilmente deixa de falar para perguntar como estou. Senhor, sei que essa não é uma característica tua e oro pedindo que, se houver qualquer traço disso em mim, o arranques com raiz e tudo. Quero ser boa ouvinte, Pai, alguém que demonstre preocupação sincera com os outros, muito mais do que consigo mesmo (Fp 2.3).

Por favor, perdoa-me pelas vezes que tenho sido egoísta. Mantém meu coração no lugar correto. Ajuda-me a ouvir melhor os outros, Deus, e, acima de tudo, a ouvir-te melhor. É comum eu jogar meus problemas em tuas mãos e me afastar... sem esperar pacientemente para te ouvir. Tua Voz é tudo o que interessa; por isso, Senhor, eu aquieto minha alma neste momento e busco tua presença apenas para ouvir. Obrigada por tua bondade em me ouvir.

Oro em nome de Jesus.

PAIGE

80
Purifica meus pensamentos

Concentrem-se em tudo que é verdadeiro, tudo que é nobre, tudo que é correto, tudo que é puro, tudo que é amável e tudo que é admirável. Pensem no que é excelente e digno de louvor.

FILIPENSES 4.8

Amado Senhor, ajuda-me a pensar em coisas que sejam verdadeiras, honestas, de boa fama, não em coisas falsas, enganosas ou cheias de dúvidas. Ensina-me a ter pensamentos honrosos, admiráveis e elevados, não pensamentos maldosos, obscenos ou desonrosos. Capacita-me a pensar em tudo o que é justo, correto e puro, não naquilo que seja ilícito, injusto ou distorcido.

Ajuda-me a ter pensamentos puros, não corrompidos pelo mal, e a nunca pensar em algo que seja corrupto ou impuro. Capacita-me a ter pensamentos sobre o que é encantador e agradável, e a recusar pensamentos sobre o que é feio ou ofensivo. Ajuda-me a me concentrar em coisas positivas, não negativas; em coisa morais, não imorais; em coisas excelentes, não obscenas. Quero pensar em coisas que sejam valorosas, louváveis e encorajadoras, não em coisas inúteis, injuriosas ou deprimentes. Ajuda-me a ter pensamentos que te agradam.

Oro em nome de Jesus.

STORMIE

81

Não me sinto à altura de teu chamado

Pois eu o seguro pela mão direita, eu, o Senhor, seu Deus, e lhe digo: "Não tenha medo, estou aqui para ajudá-lo".

Isaías 41.13

Senhor, estás me chamando para fazer coisas tão grandiosas que, às vezes, me sinto angustiada. Quero fazer o quer me pedes, mas tenho medo, Senhor. Não me sinto à altura nem digna das oportunidades que puseste diante de mim. Sei que tua Palavra diz que aquele que serve deve realizar a obra com a força que *tu* provês (1Pe 4.11); portanto, busco tua provisão. Pai, somente por teu intermédio é que me sinto habilitada a fazer o que pedes de mim.

Derrama sobre meu coração tua paz e confiança, de modo que eu lance fora o medo e comece a trabalhar no plano que tens para mim. Dá-me discernimento quanto ao teu propósito, para que eu não o perca de vista simplesmente por ficar pensando em mim mesma. Senhor, cumpre tua vontade em minha vida e jamais permitas que eu intercepte teu caminho. Confio em ti para receber as palavras, a força, a capacidade e a sabedoria necessárias para fazer tudo o que me pedires. Tenho certeza de que, se me chamares para fazer algo, é *somente* porque me preparaste para isso.

Oro em nome de Jesus.

Paige

82
Fé para crer no impossível

Tudo é possível para aquele que crê.
MARCOS 9.23

Amado Senhor, sou grata porque és capaz de pegar uma quantidade ínfima de fé e aumentá-la a ponto de mover montes (Mt 17.20). Tua Palavra diz que já nos concedeste uma medida de fé (Rm 12.3), mas necessito de tua ajuda para dar o primeiro passo e agir com essa fé, para que ela aumente cada vez mais. Disseste em tua Palavra que, sem fé, é impossível agradar a ti (Hb 11.6). Quero agradar a ti, Senhor; por isso, confesso como pecado todas as dúvidas que existem em mim a teu respeito e a respeito de tua Palavra.

Tua Palavra diz: "Seja feito conforme a sua fé" (Mt 9.29). Isso me deixa assustada, porque há algumas situações impossíveis em minha vida e não vejo como poderão ser resolvidas. Não quero que minha falta de fé limite o que desejas fazer em cada circunstância. Mas és o Deus que tudo pode. Creio que és capaz de realizar o impossível em minha vida.

Oro em nome de Jesus.

STORMIE

83

Mostra-me como devo viver

Desperte, você que dorme [...]. Portanto, sejam cuidadosos em seu modo de vida. Não vivam como insensatos, mas como sábios. Aproveitem ao máximo todas as oportunidades nestes dias maus.

EFÉSIOS 5.14-16

Senhor, disseste que minha vida não passa de um sopro e que meus dias são como uma sombra passageira (Sl 144.4). Quero plantar essa verdade no fundo do coração e submeto a ti cada momento de minha vida. Não permitas que eu perca nenhum segundo precioso que me concedeste. Espírito Santo, conduz-me claramente para que eu obedeça à tua vontade. Mostra-me as coisas específicas que estás me chamando a fazer e eleva teu propósito em mim.

Pai, sei que me colocaste aqui para um momento como este (Et 4.14). As necessidades e as trevas são imensas, mas teu poder e tua luz são muito maiores. Quero servir a ti e a teu povo amado. Ajuda-me a aproveitar ao máximo cada oportunidade que eu encontrar, para que elas não desapareçam sem ser utilizadas por ti. Desperta minha alma para entender por que estou aqui e o que desejas que eu faça nos dias que me deste. Minha vida é *tua*.

Oro em nome de Jesus.

PAIGE

84
O que há de mais difícil na oração

[Vocês] não têm o que desejam porque não pedem.
TIAGO 4.2

Amado Senhor, a coisa mais difícil acerca da oração é não saber quando responderás ou imaginar se responderás. Ajuda-me a ter fé para crer que ouves minhas orações e que responderás à tua maneira e em teu tempo certo. Ajuda-me a reconhecer as respostas às minhas orações mesmo quando não são aquelas que eu esperava.

Às vezes, parece que há muitas coisas sobre as quais orar e os problemas são tão grandes que não sei por onde começar. Ajuda-me a lembrar que a oração é simplesmente uma comunicação contigo quanto ao que se passa em meu coração. E tua Palavra diz que o Espírito Santo nos ajuda a orar (Rm 8.26). Peço-te, Espírito Santo, que me ajudes a orar. Mesmo quando eu tiver dificuldade em orar em voz alta diante de outras pessoas, ajuda-me a me concentrar mais em ti que em mim ou em quem estiver ouvindo. Ensina-me a orar com poder.

Oro em nome de Jesus.

STORMIE

85
Purifica minha mente, minha boca e meu coração

Se algum de vocês afirma ser religioso, mas não controla a língua, engana a si mesmo e sua religião não tem valor.

Tiago 1.26

Pai celestial, purifica-me. Meus pensamentos, palavras e motivos necessitam de profunda limpeza. Lava e remove toda linguagem obscena, pensamentos impuros e intenções egoístas que estejam me envenenando. Senhor, não permitas que nenhuma palavra torpe saia de minha boca, mas apenas a que for útil para dar ânimo aos outros, conforme a necessidade (Ef 4.29). Perdoa-me por entristecer teu Espírito quando uso as palavras de modo descuidado e abrigo o pecado no coração.

Traça uma linha limítrofe em mim, para que eu não a cruze com coisas como fofocas, palavrões e piadas sujas. A Bíblia diz que a língua é como fogo que pode contaminar a pessoa por inteiro (Tg 3.6), e diz também que nossas palavras têm poder sobre a vida e sobre a morte (Pv 18.21). Senhor, que as palavras de minha boca e a meditação de meu coração tragam *vida* e sejam agradáveis a ti (Sl 19.14). Purifica-me de dentro para fora, para que minha consciência seja sempre limpa diante de ti.

Oro em nome de Jesus.

Paige

86

Não quero me sentir indigna

*Agora, portanto, já não há nenhuma condenação
para os que estão em Cristo Jesus.*

ROMANOS 8.1

Senhor, às vezes me sinto indigna, como se não merecesse receber tuas bênçãos. Às vezes hesito em orar porque não me sinto merecedora de receber respostas às minhas orações. Ajuda-me a lembrar que, se violei tuas leis ou fiz algo que não tenha sido agradável a teus olhos ou não tenha te glorificado, preciso confessar esse pecado perante ti e arrepender-me dele, para que nada se interponha no relacionamento que tenho contigo.

Ajuda-me a lembrar que, graças a Jesus, tu me vês como uma pessoa justa. Quando olhas para mim, vês a bondade *dele*. Portanto, se não estou bem comigo mesma, sei que esse sentimento não vem de ti. Ajuda-me a reconhecer que somente o inimigo, as pessoas cruéis ou meus pensamentos podem me fazer sentir indigna. Capacita-me a recusar a viver com sentimentos de baixa autoestima, porque tu — e tudo o que Jesus fez na cruz por mim — me fizeste digna.

Oro em nome de Jesus.

STORMIE

87

Ajuda-me a não julgar os outros

Não julguem para não serem julgados, pois vocês serão julgados
pelo modo como julgam os outros.

MATEUS 7.1-2

Senhor, ajuda-me a não ser uma pessoa julgadora. Sei o estrago que isso pode causar e não quero fazer parte desse tipo de coisa. Tua Palavra diz que tu apenas és Legislador e Juiz, o único com poder para salvar e destruir (Tg 4.12). Senhor, perdoa-me pelas vezes que lancei um olhar condenatório a alguém. Não tenho o direito de fazer isso. Ajuda-me a distinguir minhas experiências do modo como penso que as outras pessoas deveriam ser. Expuseste a Verdade nas Escrituras, e ela atua como alicerce para nossa vida. Mas teu Espírito dirige cada um de nós de maneira especial, pessoal e específica, e tua direção parece ser um pouco diferente para cada um de teus filhos.

Tu nos chamas para discernir e identificar o fruto numa pessoa cristã, mas nunca para julgá-la. Ajuda-me a entender a diferença. Sou imensamente grata a ti pela graça incrível que me concedeste. Que eu sempre reparta com alguém a misericórdia que estendeste a mim.

Oro em nome de Jesus.

PAIGE

88

Encontrando a vontade de Deus para minha vida

Nem todos que me chamam: "Senhor! Senhor!", entrarão no reino dos céus, mas apenas aqueles que, de fato, fazem a vontade de meu Pai, que está no céu.

MATEUS 7.21

Amado Senhor, tua Palavra diz que somente aqueles que fazem tua vontade permanecem para sempre (1Jo 2.17). E não queres que eu viva só para mim, mas para fazer a tua vontade (1Pe 4.2). *Teu* querer é muito mais importante para mim que o meu; portanto, revela-me tua perfeita vontade para minha vida. Guia cada passo meu até eu chegar ao centro daquilo que tu desejas.

Confesso-te as coisas que tenho feito e que *não* fazem parte de tua vontade para minha vida. Perdoa-me e ajuda-me a nunca mais fazer algo que não queres que eu faça. Se, neste momento, eu estiver fazendo qualquer coisa que não esteja dentro de tua perfeita vontade para mim — e não estiver reconhecendo isso —, mostra-me esse pecado para que eu o confesse diante de ti e corrija minha conduta. "Tenho prazer em fazer tua vontade, meu Deus, pois a tua lei está em meu coração" (Sl 40.8). Peço que tua Palavra me oriente em tudo o que eu fizer.

Oro em nome de Jesus.

STORMIE

89

Há um motivo para eu estar aqui

Ele é o Deus que fez o mundo e tudo que nele há. [...]
não é servido por mãos humanas, pois não necessita de coisa
alguma. Ele mesmo dá vida e fôlego a tudo, e supre cada
necessidade. [...] Seu propósito era que as nações buscassem a
Deus e, tateando, talvez viessem a encontrá-lo,
embora ele não esteja longe de nenhum de nós.

ATOS 17.24-27

Senhor, sei que não *necessitas* de mim. Sei que tens poder para fazer todas as coisas que estás me chamando a fazer, e o resultado será um milhão de vezes melhor. O fato de eu saber que, mesmo assim, tu me *escolheste* para trabalhar contigo e viver o propósito que insuflaste em minha alma coloca-me em posição de humildade perante ti. Tu me conhecias antes de eu nascer. Conhecias todas as minhas imperfeições e erros, mas, ainda assim, escolheste me colocar neste mundo.

Sei que há um motivo para eu estar aqui neste exato momento, e descanso em teu propósito para minha vida. Quando me sinto só, não é porque me abandonaste. Pai, nunca estás distante; por isso, eu te busco e estendo a mão para segurar a tua.

Oro em nome de Jesus.

PAIGE

90
Quero ver meu corpo como algo precioso

Vocês não entendem que são o templo de Deus e que o Espírito de Deus habita em vocês?

1Coríntios 3.16

Amado Senhor, sei que meu corpo é precioso porque o criaste, e é nele que teu Santo Espírito habita. Ajuda-me a tomar conta de meu corpo como tu desejas. Entrego-o a ti como sacrifício vivo e peço que me ajudes a apreciá-lo e tratá-lo de modo que seja agradável a ti (Rm 12.1). Ajuda-me a não criticá-lo, mas a agradecer tudo o que ele faz e pode fazer.

Submeto a ti meus hábitos de alimentação e de atividade física. Destrói os maus hábitos que porventura eu tenha e liberta-me para fazer o que é certo. Ensina-me a maneira correta de cuidar de meu corpo. Tu o fizeste funcionar de modo incrível; portanto, ajuda-me a parar de fazer tudo o que interfira nesse processo. Dá-me conhecimento e autocontrole, e ajuda-me a escolher a vida em qualquer decisão que eu tiver de tomar em relação ao meu corpo. Que eu sempre lembre que ele te pertence.

Oro em nome de Jesus.

Stormie

91
Senhor, tu és imutável

Jesus Cristo é o mesmo ontem, hoje e para sempre.
HEBREUS 13.8

Senhor, num mundo tão inconstante, agradeço por seres constante. Numa cultura na qual as opiniões mudam mais rápido que o vento, agradeço porque tua Palavra permanece a mesma. Não preciso ficar confusa ao tomar conhecimento das últimas notícias ou das últimas tendências. Senhor, perdoa-me por me rebelar contra tua vontade só porque minha cultura chama de "normal" ou "bom" aquilo que consideras pecado. Tua Palavra diz que devemos perguntar pelo bom caminho e andar nele (Jr 6.16). Somente em teu caminho eterno meus pés permanecem firmes.

És o mesmo Deus que separou as águas do mar Vermelho e soprou vida no universo, e no entanto estás aqui me ouvindo e agindo com o mesmo poder em minha vida. Lembra-me de *crer* nisso! O tempo se estende como o horizonte diante de ti, sem começo nem fim. Dá-me olhos para enxergar de acordo com tua perspectiva eterna, para que eu viva sabiamente enquanto ando nesta terra.

Oro em nome de Jesus.

PAIGE

92

Guia-me no caminho certo

Espere pelo Senhor e seja valente e corajoso;
sim, espere pelo Senhor.

SALMOS 27.14

Amado Senhor, sou grata porque falas ao coração daqueles que te amam e abençoas todos os que em ti esperam (Is 30.18). Obrigada porque, quando clamo a ti, tu ouves minhas orações e respondes (Is 30.19). O grito profundo de meu coração hoje é que sempre andarei no caminho correto. Quero estar no lugar certo e no momento certo a fim de me envolver em tudo o que tens para mim.

Espírito Santo, conduz-me todos os dias no caminho em que devo andar. Ajuda-me a esperar pacientemente em ti, Senhor, por tua direção. Não quero tomar decisões precipitadas sem ter uma direção clara. Não quero seguir o caminho errado, para não retardar os planos que tens para mim. Espero em ti neste momento, sabendo que fortalecerás meu coração e minha fé a fim de que eu permaneça firmada na coragem.

Oro em nome de Jesus.

STORMIE

93
Fortalece meu coração diante da tentação

Vigiem e orem para que não cedam à tentação,
pois o espírito está disposto, mas a carne é fraca.
MATEUS 26.41

Pai, por vezes é somente quando me vejo em meio a uma forte tentação que oro a ti em busca de ajuda. Embora sejas tão bondoso a ponto de sempre providenciar um escape e dar-me força quando clamo a ti (1Co 10.13), há ocasiões em que, no auge do momento, eu decido não te ouvir e sigo em direção ao pecado. Se ao menos eu tivesse me fortalecido antecipadamente em oração contra a tentação, poderia ter evitado tudo isso.

Senhor, tu e eu sabemos exatamente quais são meus pontos mais fracos. Apresento-os diante de ti neste momento e oro desde já pedindo que me dês vitória sobre a tentação. Concede-me discernimento em todas as situações, para eu não cair numa cilada. Quando tua voz me advertir, ajuda-me a ouvi-la em vez de desprezá-la. Teu Espírito é muito misericordioso, pois fala à minha consciência e me dá toda a ajuda de que necessito. Visto tua armadura e dependo de teu escudo.

Oro em nome de Jesus.

PAIGE

94
Escolhendo um novo começo

Todo aquele que está em Cristo se tornou nova criação.
A velha vida acabou, e uma nova vida teve início!
2Coríntios 5.17

Senhor Jesus, creio que és o Filho de Deus, e que ninguém se aproxima do Pai a não ser por teu intermédio (Jo 14.6). Sou grata porque entregaste tua vida na cruz por mim e ressuscitaste dentre os mortos para provar que és Deus e para me salvar da morte e do inferno (Rm 10.9). Eu te recebo como meu Salvador. Confesso meus pecados e falhas diante de ti e peço que me perdoes e me purifiques (1Jo 1.9). Obrigada porque posso passar a eternidade contigo e ter uma vida melhor desde agora.

Agradeço-te porque tornaste possível que eu tivesse um novo começo. Sou nova criatura porque te recebi. Obrigada por permitires que teu Santo Espírito habite em mim (Rm 8.9). Ensina-me a viver como a nova criação que queres que eu seja.

Oro em nome de Jesus.

Stormie

95
Mostra-me qual é o meu propósito

O povo que não aceita a orientação divina se corrompe.
PROVÉRBIOS 29.18

Senhor, apresento-me humildemente diante de ti. És o Criador do universo e decides se vou continuar ou não a respirar, e no entanto tu me manténs respirando. Isso prova que estou aqui por um motivo. Desde o início dos tempos, tu me conhecias e tinhas um propósito para minha vida. Disseste em tua Palavra que a maior coisa que podemos fazer na vida é, *primeiro*, amar-te de todo o nosso coração, de toda a nossa alma e de toda a nossa mente. Segundo, devemos amar nosso próximo como a nós mesmos (Mt 22.37-39). *Esse* é o meu propósito, em torno do qual desejas que minha vida gire. Mas tu me deste uma forma pessoal e específica de viver esse propósito: deste-me uma *missão*.

Obrigada, Senhor, porque não há erro na maneira como me criaste. Cada parte de meus dons e personalidade trabalha em conjunto para que eu execute teu chamado. Revela claramente ao meu coração qual é a missão que me deste. Afasta todas as outras opiniões e fixa meus olhos no caminho que traçaste especificamente para mim.

Oro em nome de Jesus.

PAIGE

96
Encontrando liberdade no Senhor

*Portanto, permaneçam firmes nessa liberdade,
pois Cristo verdadeiramente nos libertou.
Não se submetam novamente à escravidão da lei.*

GÁLATAS 5.1

Amado Senhor, ajuda-me a permanecer distante de qualquer coisa que me impeça de fazer tudo aquilo para que me criaste. Liberta-me de todas as ideias e sentimentos que não façam parte de teus planos para minha vida. Ensina-me a me desvencilhar de tudo o que tenta me controlar. Quero ser apenas controlada por ti. Protege-me de todos os planos do inimigo para minha destruição, de modo que teu plano para minha vida seja cumprido.

Senhor, revela se existe algo em mim do qual eu seja prisioneira. Ajuda-me a me livrar de qualquer coisa em minha vida que seja inferior àquilo que tens para mim. Agradeço porque, mesmo se eu falhar e voltar à prisão da qual me libertaste, tu voltarás a me livrar (2Co 1.10). Liberta-me de tudo o que me impede de realizar o que reservas a mim. Sou grata porque és mais poderoso que qualquer situação que eu venha a enfrentar.

Oro em nome de Jesus.

STORMIE

97
Sinto-me só

Estarei com você e o protegerei aonde quer que vá. [...]
Não o deixarei enquanto não tiver terminado de
lhe dar tudo que prometi.
GÊNESIS 28.15

Pai celestial, meu coração chora em razão do vazio de sentir-se só. Às vezes, parece que sou invisível aos outros. Senhor, sei que me deste uma vida preciosa, e não quero desperdiçar meu tempo concentrada em mim. Enche esse vazio e solidão com tua presença, para que eu não me encolha enquanto as outras pessoas passam por mim. Dá-me um coração que alcance os outros, da mesma forma que me alcanças quando me esqueço de ti.

Eu te agradeço porque estás comigo e me proteges por onde quer que eu ande. Quero te seguir porque sei que aonde me levares será exatamente o lugar em que preciso estar. Tu não me desvias dos bons desejos em meu coração, mas me colocas no caminho para que eles se cumpram. Mostraste-me que teus planos para minha vida são *muito* melhores que os meus. Tu és tudo de que necessito, o Pai e o Amigo supremo. Já prometeste que nunca sairás de perto de mim... Senhor, que eu jamais saia de perto de *ti*.

Oro em nome de Jesus.

PAIGE

98
Quero ter uma vida santa

Purifiquemo-nos de tudo que contamina o corpo ou o espírito,
tornando-nos cada vez mais santos porque tememos a Deus.
2Coríntios 7.1

Amado Senhor, eu te adoro no esplendor de teu santuário (Sl 29.2). Somente tu és santo (1Sm 2.2). Ainda assim, chamaste aqueles que creem em ti para ser santos como tu (Lv 19.2). Entendo que o único caminho para eu ser santa é seguir a direção de teu Santo Espírito em mim. Peço-te que me ajudes a me livrar de qualquer coisa em minha vida que não seja santa. Mostra-me como buscar a santidade conforme disseste em tua Palavra (Hb 12.14).

Espírito Santo, abafa qualquer coisa em mim que não seja santa, de modo que o esplendor de tua santidade reflita em mim de todas as maneiras possíveis (2Cr 20.21). És a fonte onde busco minha santidade; portanto, ajuda-me a passar alguns momentos contigo todos os dias para que o sopro renovado de teu Espírito em mim me capacite a ter uma vida santa.

Oro em nome de Jesus.

Stormie

99
Enfrentando tribulações
e tempos difíceis

*Por isso, nunca desistimos. [...] Pois estas aflições pequenas
e momentâneas que agora enfrentamos produzem para
nós uma glória que pesa mais que todas as angústias e que
durará para sempre.*

2Coríntios 4.16-17

Senhor, recorro a ti em busca de abrigo em meio a
estes tempos difíceis. Sei que tua Palavra diz que não
devo me surpreender ao passar por provações, como
se algo estranho e inesperado me estivesse acontecendo (1Pe 4.12). Disseste que teremos aflições neste
mundo, mas que devemos ter bom ânimo porque tu
venceste o mundo (Jo 16.33). Prometeste não apenas
nos consolar e nos carregar em meio ao nosso sofrimento, mas também nos refinar e nos amadurecer, se
assim permitirmos (Tg 1.3-4).

Senhor, disseste que meus sofrimentos são *pequenos
e momentâneos*, o que significa que sabes algo que não
sei. Conheces o bem que me trarás e sabes que meu
sofrimento durará apenas um instante no grande
cenário da vida. Acima de tudo, sabes que *existe* esperança. Ajuda-me a ver minhas circunstâncias sob tua
perspectiva, e não permitas que eu perca o ânimo. O
mundo pode cair à minha volta, mas estou segura na
sombra de tua mão.

Oro em nome de Jesus.

Paige

100
Em busca do verdadeiro sucesso

Pois Deus conheceu de antemão os seus e os predestinou para se tornarem semelhantes à imagem de seu Filho.
ROMANOS 8.29

Amado Senhor, sei que o sucesso verdadeiro não gira em torno de riqueza, fama ou realizações. Gira em torno de eu ser tudo aquilo que planejaste para mim, cumprir teu chamado e nunca transgredir isso. Ajuda-me a andar perto de ti o tempo todo, para que eu entenda teus caminhos e teu coração em relação a mim. Ajuda-me a confiar que, mesmo quando eu me sinto fracassada, tu estás usando essa experiência como recurso para que eu me torne mais semelhante a ti.

Ensina-me a não julgar o sucesso de minha vida pelo que vejo acontecer na vida dos outros. Confio que me chamaste e que estás me preparando para ter o *verdadeiro* sucesso que planejaste para mim em teu tempo perfeito. Oro para que me capacites a fazer tudo aquilo que me confiaste. Sei que o verdadeiro sucesso é cumprir meu propósito e glorificar-te em tudo o que eu fizer.

Oro em nome de Jesus.

STORMIE

101

Senhor, anseio estar perto de ti

Ó Deus, tu és meu Deus; eu te busco de todo o coração.
Minha alma tem sede de ti; todo o meu corpo anseia
por ti nesta terra seca, exausta e sem água.

SALMOS 63.1

Senhor Jesus, eu me aproximo de tua presença. Só tu podes preencher o vazio em meu coração, porque ele foi criado por ti. Quero muito te conhecer e ouvir tua voz. És precioso demais a ponto de revelar-te a nós e desejar ter um relacionamento próximo com teus filhos. Tua Palavra diz que, mediante teu Espírito, temos a mente de Cristo (1Co 2.16). Pai, alinha meus pensamentos com os teus para que eu comece a entender melhor os teus caminhos. Ensina-me a pensar como tu pensas e a reagir às situações com um caráter semelhante ao teu.

Permite que eu penetre no recôndito de teu coração, pois é aí que encontrarei os tesouros mais belos que existem. Senhor, és verdadeiramente meu melhor amigo. Ainda assim, eu me prostro em humildade e temor diante de ti. Tu és o Deus inestimável. Pai, permite que meus lábios sejam sempre enfeitados com oração e adoração. Que eu seja uma mulher que busque teu coração.

Oro em nome de Jesus.

PAIGE

102
Quando me sinto sem forças

[Deus] dá forças aos cansados e vigor aos fracos.
ISAÍAS 40.29

Senhor, às vezes me sinto sem forças em relação àquilo que desejo para minha vida. Fico frustrada quando não tenho controle sobre a situação. Sei, porém, que as coisas boas não acontecem por causa de minha capacidade, mas mediante *teu* poder. Não tenho poder para mudar minha vida nem minhas circunstâncias, mas *tu* tens. É o poder de teu Espírito agindo em mim e por meu intermédio que pode transformar minha vida.

Sinto-me frequentemente pressionada pelas circunstâncias externas, e às vezes parece que estou paralisada, sem conseguir dar um passo sequer. Peço que, pelo poder de teu Espírito em mim, tu provoques um avanço em minha vida. Sei que, quando ando contigo, nunca fico estagnada. Obrigada porque, mesmo quando não consigo ver, tu estás sempre agindo em minha vida. Sou grata a ti porque fazes em mim muito mais do que sou capaz de imaginar.

Oro em nome de Jesus.

STORMIE

103
Livra-me de minhas lamentações

Quando olho para o céu, [...] a lua e as estrelas que ali puseste, pergunto: Quem são os simples mortais, para que penses neles? Quem são os seres humanos, para que com eles te importes?
SALMOS 8.3-4

Senhor, sinto vergonha de dizer como tenho agido ultimamente. Ando resmungando por toda parte, fazendo birra como uma criança sobre o que "não é justo" em minha vida. Sinto inveja quando me comparo às outras pessoas e me zango quando penso no que elas têm e eu não. O problema com esse tipo de mentalidade é que todos os pensamentos incluem a palavra *eu*. Por que não incluem a *ti*? Por que não incluem os *outros*? Perdoa-me, Senhor. Se eu tirasse o foco de mim mesma por um segundo, veria quanto sou abençoada.

Ajuda-me a te adorar na próxima vez que eu ficar sufocada com pena de mim mesma. Quero meditar em tua bondade e no grande panorama da vida. Pai, abre-me os olhos para as imensas necessidades ao meu redor, de modo que meus problemas sejam vistos sob a perspectiva correta. Recuso-me a me acomodar achando que já tenho teus dons. Quem sou eu para que te importes comigo? Mesmo assim, enviaste teu Filho para morrer *em meu lugar*.

Oro em nome de Jesus.

PAIGE

104
Como posso fazer diferença?

Os olhos do SENHOR passam por toda a terra para mostrar sua força àqueles cujo coração é totalmente dedicado a ele.
2CRÔNICAS 16.9

Senhor, quero fazer diferença no mundo. Prepara-me para realizar uma obra grandiosa para teu reino, algo que ajude outras pessoas a te conhecer e a ter uma vida melhor. Sei que não posso fazer isso sozinha; por isso, peço que me prepares para realizar aquilo para o que me chamaste. Capacita-me a superar minhas limitações e ensina-me a depender do poder de teu Espírito para realizar tudo aquilo que planejaste para mim.

Agradeço porque não vais parar de agir em mim enquanto meu coração não for totalmente teu e enquanto eu não for inspirada, acionada e conduzida por teu Espírito em tudo o que fizer. Não quero ser como as pessoas descritas em tua Palavra que, ao se esquecerem de teu poder, limitaram o que desejavas que elas fizessem (Sl 78.41-42). Quero viver todos os dias pelo poder de teu Espírito.

Oro em nome de Jesus.

STORMIE

105
Sinto-me deslocada

Eu o conheci antes de formá-lo no ventre de sua mãe;
antes de você nascer, eu o separei e o nomeei
para ser meu profeta às nações.
JEREMIAS 1.5

Pai, às vezes me sinto desambientada. Em várias situações da vida, tenho me sentido indesejada, desajeitada ou deslocada. Oro para que cures meu coração e me ajudes a não me concentrar nessas coisas nem me sentir mais assim. Já me mostraste, por meio de teu amor, de tua graça e de teu perdão, que tu és o lugar ao qual pertenço. A Bíblia fala que os cristãos são estrangeiros e forasteiros aqui na terra porque nosso lar verdadeiro é em teu reino, que um dia virá. Nossa alma anseia por estar no lugar que criaste para nós.

Tu me *separaste* para um propósito específico antes mesmo de eu nascer, e me chamaste para viver separada das coisas deste mundo. No entanto, colocaste-me aqui com a missão de ser uma luz que atravesse a mais densa escuridão. Mostra-me o lugar que reservaste para mim aqui na terra e revela-me como devo passar o tempo. Quero seguir a ti, Senhor, porque és meu lar. Pertenço ao lugar onde tu estás.

Oro em nome de Jesus.

PAIGE

106
Quando quero desistir

*Se esperamos por algo que ainda não temos,
devemos fazê-lo com paciência e confiança.*

ROMANOS 8.25

Senhor, tenho orado e esperado por coisas que ainda não vi acontecer em minha vida e peço que me concedas força para perseverar. Tua Palavra diz que as provações produzem perseverança (Rm 5.3). Ajuda-me, pois, a perseverar e a permanecer firme quando as dificuldades surgirem.

Tua Palavra também diz que o *domínio próprio* conduz à *perseverança*, a qual conduz à *devoção* a ti (2Pe 1.6). Ajuda-me a ser firme na fé e a controlar o medo de que as coisas pelas quais espero jamais aconteçam. E se o que espero agora não fizer parte de teu querer para minha vida, mostra-me como harmonizar minha vontade com a tua. Quero viver em santidade, e não na corrupção deste mundo. Espírito Santo, afasta-me de qualquer desejo de desistir. Ajuda-me a andar contigo, firme em tua Palavra e determinada a nunca desistir de orar.

Oro em nome de Jesus.

STORMIE

107
Aguardando o futuro

Aquietem-se e saibam que eu sou Deus!
SALMOS 46.10

Pai, conheces todos os sonhos guardados em meu coração. Ajuda-me a ser paciente e a aguardar teu tempo para que eles se realizem. Obrigada pela maneira como teces cada detalhe de minha vida e me fazes fruir os desejos mais profundos que colocaste em mim. Ajuda-me a não ficar impaciente no lugar onde estou, porque sei que cada momento faz parte de teu plano divino.

És o Deus de meu passado, presente e futuro, e escreveste a história de minha vida inteira. Sinto-me consolada por saber que tua Palavra diz que lutarás por mim — preciso apenas me acalmar (Êx 14.14). Pai, descanso em ti, confiando que lutarás por meus sonhos, minha esperança e meu futuro. Neste momento de tranquilidade, olho para ti e peço que me mostres como devo me preparar para as coisas que realizarás em minha vida. Sei que este não é um tempo de inércia, mas um tempo de *fé* a fim de me preparar para o que virá! Abre-me os olhos para o que estás fazendo em minha vida neste exato instante.

Oro em nome de Jesus.

PAIGE

108
Tenho sonhos não realizados

Ele concede os desejos dos que o temem;
ouve seus clamores e os livra.
SALMOS 145.19

Amado Senhor, sou muito grata porque te importas com os sonhos que trago no coração e porque alguns deles vêm de ti. Tenho sonhos no coração que almejo ver realizados, mas submeto-os a ti porque quero que eles estejam em sintonia com teus planos para minha vida. Não quero seguir um sonho que não faça parte de tua vontade, porque sei que tu não o abençoarás. Quero te seguir e ver a realização dos sonhos que *tu* puseste em meu coração.

Se houver algum sonho em meu coração que não faça parte de tua vontade para minha vida, ajuda-me a ver e a entender isso. Mostra-me claramente qual é e dá-me tranquilidade e paz, porque tu o substituirás por outro muito melhor. Preciso saber quais sonhos em meu coração procedem de ti e peço que os abençoes e os realizes à tua maneira e em teu tempo.

Oro em nome de Jesus.

STORMIE

109
Encontrando tua força em minha fraqueza

Minha graça é tudo de que você precisa.
Meu poder opera melhor na fraqueza.
2Coríntios 12.9

Senhor Jesus, venho à tua presença para te entregar minhas fraquezas. Entrego minhas deficiências físicas, emocionais e intelectuais. Louvo-te porque és maior que todas elas! Deus, tu me criaste desde meu interior exatamente como desejavas que eu fosse. Concedeste-me dons e talentos, e também permitiste que eu tivesse fraquezas. Embora em tempos de orgulho eu as esconda e as enterre, tu revelaste que elas são *elemento essencial* para a demonstração de teu poder.

Na dor física, és minha força. Nas batalhas emocionais, és minha vitória. E, Senhor, em minha fraqueza, és minha força! Não me envergonharei de minhas fraquezas, porque declaraste que, por meio delas, tu ages de maneira poderosíssima! Obrigada, Pai, porque posso me *orgulhar* nas dificuldades, que trazem as oportunidades mais belas de sentir tua presença. Pois quando sou fraca é que sou forte (2Co 12.10).

Oro em nome de Jesus.

Paige

110
Vendo a luz de Deus em tempos de trevas

*Jesus voltou a falar ao povo e disse: "Eu sou a luz do mundo.
Se vocês me seguirem, não andarão no escuro,
pois terão a luz da vida".*

João 8.12

Amado Senhor, sou grata porque és a luz do mundo e a luz de minha vida. Sejam quais forem as trevas que me envolvam, tua luz em mim jamais se apagará. Mesmo que minha vida esteja envolta na mais densa escuridão, tua luz em mim sempre brilhará intensamente, iluminando tudo. És a verdadeira Luz que ilumina todos os que te buscam (Jo 1.9). Obrigada porque és luz e em ti não há treva nenhuma (1Jo 1.5).

Ajuda-me a não ser atraída, ou seduzida, pelas muitas outras luzes do mundo, porque todas se apagam. Tua luz é constante porque tu és constante. Quando houver um tempo de trevas em minha vida, ajuda-me a lembrar que tenho tua luz em mim, uma luz que jamais se apagará.

Oro em nome de Jesus.

Stormie

111
Quando me sinto envergonhada

Os que olham para ele ficarão radiantes;
no rosto deles não haverá sombra de decepção.

SALMOS 34.5

Pai celestial, há uma culpa doentia enraizada em minha alma. Sinto-me manchada pelo erro que cometi e sei que só tu podes lavar essa mancha. Senhor, não quero reter nada. Quero confessar-te *tudo* o que fiz contra ti. Perdoa-me também pelos pecados ocultos que desconheço (Sl 19.12). Em tua força, caminharei numa nova direção, sem olhar para trás.

Obrigada porque tua Palavra diz claramente que *não há condenação* para os que estão em Cristo Jesus (Rm 8.1). Embora Satanás tente me acusar dia e noite diante de ti (Ap 12.10), tu lavaste meus pecados e, por teu sangue, sou irrepreensível a teus olhos. Quando morreste por meus pecados, morreste também por minha vergonha. Libertaste meu coração e deste-me uma bela coroa em vez de cinzas (Is 61.3). Não sei por que fizeste isso por mim, mas, Senhor, *sou imensamente grata a ti!* Sou uma nova mulher por tua misericórdia e graça.

Oro em nome de Jesus.

PAIGE

112
Quero ser uma pessoa íntegra

O coração contente alegra o rosto,
mas o coração triste abate o espírito.
PROVÉRBIOS 15.13

Senhor, peço que restaures tudo o que estiver quebrado em mim. Sei que a vida não funciona quando há uma parte quebrada; por isso, oro para que a parte quebrada em mim seja aquela na qual estás demolindo minha resistência em fazer o que tu ordenas. Se meu espírito estiver despedaçado por causa do pecado em minha vida, confesso esse pecado a ti e peço que me perdoes e restaures meu relacionamento contigo. Ajuda-me a perdoar a mim mesma, se acaso meu espírito estiver despedaçado por eu não viver em teus caminhos.

Se alguém tiver sido abusivo em minha vida e despedaçado meu espírito, ajuda-me a perdoar essa pessoa. Corrige meu coração e restaura-me completamente como só tu és capaz de fazer. Toca-me com teu poder terapêutico. Que meu sentimento por outras pessoas não as faça sofrer mais. Restaura meu ser interior para que eu tenha a vida plena que criaste para eu desfrutar em tua presença. Promove a plenitude de que necessito para me tornar a pessoa que queres que eu seja.

Oro em nome de Jesus.

STORMIE

113
Sou amada

Pois você é precioso para mim, é honrado e eu o amo.
ISAÍAS 43.4

Pai celestial, teu amor é o mais forte que já experimentei. É o amor mais insistente e, no entanto, o mais paciente que existe. É incrível saber que tua Palavra diz que todos os cabelos de minha cabeça foram contados por ti (Mt 10.30). Tu te preocupas com os detalhes mais pequenos a meu respeito. A Bíblia diz que teu amor é tão imenso que necessito de teu poder para entender sua largura, comprimento, altura e profundidade (Ef 3.17-18). Teu amor é capaz de preencher uma dimensão que minha mente não consegue alcançar.

A Bíblia diz que me escolheste para ser teu tesouro pessoal (Dt 7.6). Isso me deixa sem fala. Prostro-me reverentemente diante de tua majestade como meu Criador, Pai, Salvador, Senhor e Amigo. Obrigada por me amares e me considerares tua filha querida, conforme tua Palavra e tua vida comprovam. Selaste-me como tua propriedade e puseste teu Espírito em meu coração como garantia de que sou tua (2Co 1.22). Eu amo, *porque tu me amaste primeiro* (1Jo 4.19).

Oro em nome de Jesus.

PAIGE

114

Como devo honrar meus pais?

"Honre seu pai e sua mãe." Esse é o primeiro mandamento com promessa. Se honrar pai e mãe, "tudo lhe irá bem e terá vida longa na terra".

EFÉSIOS 6.2-3

Amado Senhor, oro para que me ajudes a honrar meu pai e minha mãe. Quer estejam vivos quer mortos, quer estejam comigo quer não, tu ordenas que eu os honre. Ensina-me a reconhecer suas qualidades e a esquecer seus erros. Se fui maltratada ou abandonada por eles, ajuda-me a perdoá-los. Capacita-me a não guardar mágoas causadas pelas imperfeições deles.

Não quero encurtar minha vida nem me tornar infeliz por ter me rebelado contra teu único mandamento que contém promessa de vida boa e longa. Ajuda-me a honrar meus pais de tal modo que eu fale *sobre* eles e me dirija *a* eles com grande respeito. Confesso como pecado todas as vezes que não fiz isso e peço que me perdoes. Purifica meu coração nas áreas onde houver falta de amor e respeito.

Oro em nome de Jesus.

STORMIE

115
Estou muito inquieta

Tenho certeza de que aquele que começou a boa obra em vocês irá completá-la até o dia em que Cristo Jesus voltar.

Filipenses 1.6

Senhor, estou me debatendo com a situação na qual me encontro neste momento. Parece que estou paralisada e atolada permanentemente, desejando estar em outro lugar e fazendo o que adoraria fazer. Se houver algo que esteja me prendendo aqui por causa do que fiz ou permiti, peço que removas isso completamente. Se não dei aquele passo que me pediste, por favor, mostra-me qual é e ajuda-me a seguir em frente. No entanto, se estou exatamente onde queres que eu esteja, dá-me paz completa a respeito disso e contentamento enquanto aguardo.

Abre meus olhos para as bênçãos que me rodeiam neste instante. Disseste que devo me alegrar e dar graças em todas as circunstâncias (1Ts 5.16-18); por isso, peço que me perdoes se tenho me queixado ultimamente. Obrigada, Senhor, porque não vais me abandonar onde estou, mas tens planos de me fazer prosperar e de me dar esperança e um futuro (Jr 29.11). Meu coração se emociona por saber que teus planos para mim são muito maiores que os meus.

Oro em nome de Jesus.

Paige

116
Deus me sustentará?

*E esse mesmo Deus que cuida de mim lhes suprirá
todas as necessidades por meio das riquezas gloriosas
que nos foram dadas em Cristo Jesus.*

FILIPENSES 4.19

Senhor, eu te louvo e te agradeço porque és meu provedor e porque nunca abandonas teu povo nem deixas de suprir as necessidades daqueles que te buscam. Peço que abençoes as finanças que possuo ou que possuirei. Ajuda-me a ter sempre um bom emprego e capacita-me a ganhar a simpatia das pessoas para as quais trabalho. Oro para que me ensines a ganhar dinheiro de acordo com tua vontade, porque tua Palavra diz que tuas bênçãos financeiras não trazem tristeza (Pv 10.22).

Dá-me sabedoria para lidar com o dinheiro e não cometer tolices. Ajuda-me a entregar-te a parte que te é devida e a ajudar os outros, porque, se eu agir assim, não passarei necessidade (Pv 28.27). Oro para que não haja catástrofes financeiras em meu futuro. Disseste que devo te buscar em primeiro lugar e todas as outras coisas me serão acrescentadas (Lc 12.29-31). Busco a ti para que supras minhas necessidades e sou grata porque os que te buscam de nada têm falta (Sl 34.10).

Oro em nome de Jesus.

STORMIE

117
Senhor, prova meu coração

Examina-me, ó Deus, e conhece meu coração;
prova-me e vê meus pensamentos.
SALMOS 139.23

Senhor, tu me conheces. Conheces as palavras em minha boca antes mesmo que eu as profira (Sl 139.4). Apresento-me diante de ti assim como sou, prostrada diante de teu trono. Costumo tentar esconder minhas falhas e imperfeições, imaginando tolamente que sou capaz de desviar tua atenção para que não as vejas. Mas, Jesus, tu me gravaste nas palmas de tuas mãos (Is 49.16). Estou sempre diante de ti.

Pai, não quero esconder nada. Quero ser pura diante de ti. Prova meu coração e vê se em mim há algo que te ofenda e conduze-me pelo caminho eterno (Sl 139.24). Tua Palavra diz que sondas nosso coração, examinas nossa mente e nos recompensas de acordo com nossa conduta (Jr 17.10). Ensina-me teu caminho, para que eu ande na verdade, e dá-me um coração inteiramente fiel, para que eu tema teu nome (Sl 86.11). Obrigada, Senhor, porque me purificas da cabeça aos pés. Que meu coração se apresente sem mácula perante ti.

Oro em nome de Jesus.

PAIGE

118
Encontrando favor em Deus e nos outros

Não permita que a bondade e a lealdade o abandonem; prenda-as ao redor do pescoço e escreva-as no fundo do coração. Então você conseguirá favor e boa reputação, diante de Deus e das pessoas.

PROVÉRBIOS 3.3-4

Senhor, quero encontrar favor perante ti e perante os outros também. Capacita-me a agir corretamente e a viver com tua misericórdia e verdade no coração. Ajuda-me a nunca esquecer o que me ensinaste, para que isso se torne notório em meu exterior, bem como em meu interior. Encontrar favor diante de ti é mais importante para mim que qualquer outra coisa.

Oro para que, sempre que eu estiver com alguém, essa pessoa veja a beleza de teu Espírito em mim, mesmo que ela não consiga identificá-la. Que teu amor em meu coração sempre exerça influência em meu modo de agir e também no modo como penso e falo com as pessoas. Oro para que, quando eu estiver com outras pessoas, tua presença em mim se torne real e visível a elas.

Oro em nome de Jesus.

STORMIE

119
Preserva minha reputação

A boa reputação vale mais que grandes riquezas;
ser estimado é melhor que prata e ouro.
PROVÉRBIOS 22.1

Senhor, sinto-me agredida quando alguém tenta manchar minha reputação. Sei que tua Palavra diz que devemos esperar ser perseguidos quando seguimos teus passos (1Pe 2.21). Apesar disso, dissaste que devemos viver com tal integridade entre os ímpios que, embora eles tentem nos acusar, fiquem envergonhados por não poderem falar mal de nós (Tt 2.8). Senhor, as pessoas me criticam por causa de meus altos padrões e desejo de agradar a ti. Elas tentam me fazer escorregar e contrariar tua vontade para mim. Mantém-me firme e valente, porém delicada e fortalecida para resistir às táticas do diabo. Sou tua filha, separada para um propósito maior, e *não* te trairei. Protege minha reputação, Senhor.

Concede-me integridade, para que minha vida seja pura e reta. Preserva o bom nome que me deste, para que eu seja uma embaixadora digna de te representar. Em nome de Jesus, declaro que não há nenhuma calúnia, nenhuma mentira, nenhum esquema que se levante contra mim, porque estou coberta por teu sangue precioso.

Oro em nome de Jesus.

PAIGE

120
Acolhendo a presença de Deus

Se não nos acompanhares pessoalmente,
não nos faças sair deste lugar.
Êxodo 33.15

Amado Senhor, acolho tua presença em minha vida. Quero viver sempre em tua presença porque sei que é o único lugar onde encontrarei segurança e bênçãos. Repetindo as palavras de Moisés, não quero estar onde tua presença não estiver. Sei que estás em toda parte, mas a plenitude e o poder de tua presença só são encontrados entre aqueles que têm paixão por te conhecer e te amar. Ajuda-me a ter essa paixão o tempo todo.

Obrigada, Jesus, porque és Emanuel, o Deus conosco. Nunca estou sozinha, porque teu Santo Espírito habita em mim. Tenho sempre tua presença comigo, e todas as vezes que recorro a ti em oração, em adoração ou em tua Palavra, ouço tua voz me falando ao coração. Afasta-me de qualquer coisa ou pessoa que negue, rejeite, minimize ou desconsidere tua existência. Capacita-me a me separar de tudo o que tente abalar tua poderosa presença em minha vida.

Oro em nome de Jesus.

Stormie

121
Consome-me com teu fogo

*Uma vez que recebemos um reino inabalável, [...] agrademos
a Deus adorando-o com reverência e santo temor.
Porque nosso Deus é um fogo consumidor.*
HEBREUS 12.28-29

Senhor Jesus, acende um fogo em minha alma que não possa ser apagado. Permite que teu Espírito em mim queime tudo o que não te pertence até o ponto de sobrar apenas tua presença. A Bíblia diz que teus filhos brilham como luzes resplandecentes no universo, retendo firmemente a mensagem da vida (Fp 2.15-16). Tu revelas sinais de tua presença por nosso intermédio, de modo que este mundo tenebroso e agonizante veja nossa luz e corra em direção a ela. Acendeste esta centelha em mim, para que ela possa ser conhecida e lançar faíscas em todas as pessoas e coisas que eu vier a tocar.

A única maneira de eu não ser consumida pelo cansaço é submeter-me continuamente a ti e depender do fogo de teu Santo Espírito para me sustentar. És a âncora de minha alma, mantendo-me firme e segura (Hb 6.19). Eu caminho sem hesitação porque sei que minha esperança e meu futuro não podem ser abalados. Senhor, consome-me com teu fogo.

Oro em nome de Jesus.

PAIGE

122
Preservando os bons relacionamentos

É melhor serem dois que um, pois um ajuda o outro a alcançar o sucesso. Se um cair, o outro o ajuda a levantar-se.
ECLESIASTES 4.9-10

Senhor, ajuda-me a valorizar os relacionamentos que tenho com boas amigas, porque sei que as amigas piedosas colaboram para o bem-estar umas das outras. Ensina-me a ser uma amiga encorajadora e apoiadora. Ajuda-me a nunca ser uma pessoa crítica, julgadora ou teimosa em relação às outras pessoas, mas a sempre falar a verdade em amor. Ajuda minhas amigas e a mim a nunca falar mal umas das outras.

Capacita-me a ser lenta em reagir de maneira egoísta e rápida para perdoar. Quando uma amiga fizer ou disser algo que me aborreça, impede-me de cortar os laços dessa boa amizade só porque houve erros ou mal-entendidos. Cuida de todos os meus relacionamentos, para que o inimigo não se ponha entre nós para causar atrito ou separação. Ajuda-me a identificar os relacionamentos pelos quais vale a pena lutar. Ensina-me a ser uma amiga que ame em todos os momentos (Pv 17.17).

Oro em nome de Jesus.

STORMIE

123
Almejando a redenção

Não tema, pois eu o resgatei; eu o chamei pelo nome, você é meu.
ISAÍAS 43.1

Senhor Jesus, obrigada porque, não importa o que eu tenha feito, o poder de teu perdão é sempre suficiente para me purificar. Tua Palavra diz que todo aquele que invocar teu nome será salvo (Rm 10.13); por isso, clamo a ti e declaro minha fé em teu nome. Apesar de não correspondermos ao padrão de tua glória, somos declarados justos gratuitamente por meio da redenção que nos deste em Cristo Jesus (Rm 3.23-24).

Obrigada porque, embora *eu ainda seja pecadora*, tu morreste por mim (Rm 5.8). Trocaste meus trapos de imundícia e me revestiste com teus belos mantos de justiça. Teu amor infalível é tão alto quanto os céus, e tua fidelidade vai até as nuvens (Sl 57.10). Pai, tu me buscas e lutas por meu coração de tal forma que não sou sequer capaz de imaginar. A vitória desta batalha é tua porque me livraste da mão do inimigo. Tu me redimiste; sou tua.

Oro em nome de Jesus.

PAIGE

124
Quando tudo vai bem

Você [...] deve permanecer fiel àquilo que lhe foi ensinado. Sabe que é a verdade, pois conhece aqueles de quem aprendeu.

2Timóteo 3.14

Amado Senhor, em tua Palavra há numerosas histórias de pessoas que recorreram a ti em tempos de aflição e tu as salvaste e as levaste a um bom lugar. No entanto, quando tudo ia bem, elas se esqueciam de ti e só te buscavam quando enfrentavam novas aflições. Ajuda-me a não ser assim. Quando tudo estiver bem em minha vida, ajuda-me especialmente a não me descuidar de tua Palavra e a orar da mesma forma que faço quando as coisas não vão bem.

Tua Palavra diz: "Se vocês pensam que estão de pé, cuidem para que não caiam" (1Co 10.12). Não quero pensar que, só pelo fato de estar firme hoje, sou invencível e não cairei. Ajuda-me a não esquecer nem por um momento que dependo sempre de ti. Capacita-me a te buscar tanto em tempos de bênçãos como em tempos de necessidade.

Oro em nome de Jesus.

Stormie

125

Senhor, ajuda-me a ser autêntica

Eu sei, meu Deus, que examinas nosso coração e te regozijas quando nele encontras integridade.

1CRÔNICAS 29.17

Pai celestial, derruba os muros que construí ao meu redor e que eu não deveria ter construído. Ajuda-me a ser autêntica e sincera, para que as outras pessoas vejam tua luz e tua obra em mim. Perdoa-me por ter erguido barreiras e fingido ser alguém que não sou apenas para impressionar os outros. Retira e lança fora as máscaras atrás das quais tenho me escondido, e dá-me coragem para mostrar a mulher verdadeira que me fizeste, sem nenhum artifício externo. Tu me perdoaste, redimiste e aprovaste... de que mais necessito?

A Bíblia diz: "Quem anda em integridade anda em segurança" (Pv 10.9). Pai, sei que ter integridade significa *ser realmente* quem eu digo que sou. Dá-me um coração puro e sincero, para que outras pessoas se sintam revigoradas pelos sinais evidentes de que estás comigo. Ajuda-me a ser autêntica, de modo que os outros vejam a liberdade que surge quando não nos escondemos e revelamos nossa verdadeira personalidade. Tu me deste uma história e tens sido bom demais comigo, mantendo-a sob meus cuidados. Com tua mão, dou o primeiro passo com coragem para viver livremente.

Oro em nome de Jesus.

PAIGE

126
Dá-me um coração reto

*Cria em mim, ó Deus, um coração puro, renova
dentro de mim um espírito firme.*
SALMOS 51.10

Amado Senhor, oro para que purifiques meu coração. Cria em mim um coração puro e renova um espírito firme dentro de mim. Livra-me de pensamentos, sentimentos ou obsessões que não te glorifiquem. Sei que, quando meu coração é puro e reto, isso é agradável a ti, e quero te agradar mais que tudo. Sei também que um coração puro é agradável aos outros, porque as palavras e as ações que dele procedem são encorajadoras.

Não há condição de ter um coração reto sem que tu o purifiques (Pv 20.9). Peço que me reabasteças com teu amor para que ele sufoque qualquer coisa em mim que não reflita amor. Mostra-me como está meu coração enquanto leio tua Palavra, que revela "os pensamentos e desejos mais íntimos" (Hb 4.12). Ajuda-me a manter uma vigilância firme sobre meu coração porque sei que ele não é confiável (Jr 17.9).

Oro em nome de Jesus.

STORMIE

127
Senhor, não permitas que eu seja morna

Não se limitem [...] a ouvir a palavra; ponham-na em prática.
Do contrário, só enganarão a si mesmos.
Tiago 1.22

Senhor, não permitas que meu amor seja moderado. Teu coração deve ficar partido, porque amas teus filhos com tudo o que tens e quase sempre vês esse amor ser retribuído com palavras insossas e vazias. Jesus, tu mereces *muito mais*. Perguntaste três vezes a teu discípulo Pedro se ele te amava com amor incondicional, amor *agape*, e ele só conseguiu dizer que te amava com amor fraternal, amor *phileo*. Mesmo assim, tu lhe disseste novamente: "Siga-me!" (Jo 21.15-19).

Pai, recuso-me a caluniar teu nome dizendo que sou cristã sem te seguir *verdadeiramente*. Tua Palavra diz que é melhor eu ser fria ou quente, porque, se eu for morna, tu me vomitarás de tua boca (Ap 3.15-16)! Incendeia meu coração com um amor apaixonado e sem limites. Que todos os dias eu me apaixone mais e mais pelo meu Deus. Perdoa-me por te amar menos do que mereces. Disseste que devo escolher hoje a quem devo servir (Js 24.15), e eu escolho a ti, de todo o meu coração.

Oro em nome de Jesus.

Paige

128
Fazendo da esperança um hábito

*Que o Deus, a fonte de esperança, os encha inteiramente de
alegria e paz, em vista da fé que vocês depositam nele, de modo
que vocês transbordem de esperança, pelo poder do Espírito Santo.*
ROMANOS 15.13

Senhor, obrigada porque és o Deus da esperança e,
graças a teu Espírito que habita em mim, posso ter
esperança o tempo todo (Rm 5.5). Obrigada porque,
seja o que for que estiver acontecendo ao redor de
mim, sempre tenho um motivo para depositar minha
esperança em ti. Permite que tua esperança em mim
sufoque todo o desânimo que eu possa ter em relação
a qualquer coisa.

Comprometo-me a ler tua Palavra com frequência,
pois sei que ela foi escrita para me dar bom ânimo
e esperança (Rm 15.4). Em tua Palavra depositei minha esperança (Sl 119.81). Prepara-me para responder a qualquer pessoa a razão da esperança que há
em mim (1Pe 3.15). Dá-me essa alegria por causa de
tua esperança em mim, de modo que ela transborde
sobre outras pessoas e elas a vejam e queiram conhecê-la para descobrir de onde vem (Sl 146.5).

Oro em nome de Jesus.

STORMIE

129
Deus, queres realmente me usar?

Vejam meu servo, que eu fortaleço; ele é meu escolhido, que me dá alegria. Pus sobre ele meu Espírito; ele trará justiça às nações.

ISAÍAS 42.1

Senhor, é verdade? Queres mesmo *me* usar? Fala ao meu coração, Pai, e faz-me lembrar exatamente por que me colocaste aqui. É difícil demais imaginar que, depois de eu te decepcionar tantas vezes, ainda não desististe de mim. Obrigada porque teu desejo de usar minha vida não tem nada a ver com o que tenho a te oferecer. Todos os dons e talentos que tenho vieram de ti. És maravilhoso!

Oro pedindo que, para cada porta fechada em minha vida, tu abras outras duas. És o Senhor de meu futuro, o Portador de minha esperança. Teu Espírito em mim me edifica e me prepara diariamente para fazer mais do que sou capaz de imaginar. Entrego a ti a única coisa de que *necessitas* para me usar: um coração disposto e confiante. Obrigada porque, quando a rejeição me confrontar, tuas palavras para mim serão: "Sim, eu escolhi *você*".

Oro em nome de Jesus.

PAIGE

130
A oração que faz diferença

*A oração de um justo tem grande poder
e produz grandes resultados.*
TIAGO 5.16

Amado Senhor, quero que minhas orações façam diferença positiva em minha vida e na vida dos outros. Tua Palavra diz que a oração é eficaz quando feita por um justo com grande interesse, energia e sinceridade. Senhor Jesus, sei que só tu me fizeste justa, e sou perfeita de dentro para fora porque enviaste teu Santo Espírito para habitar em mim. Ajuda-me a não fazer nada que interfira nesse processo.

Tua Palavra diz que todo pecado em minha vida interfere na resposta às minhas orações; por isso, confesso todos eles a ti. Se houver algum que eu desconheça, revela-o a mim. Não quero que nenhum pecado em meu coração impeça que respondas à minha oração até que o assunto seja resolvido entre nós (Sl 66.18). Ensina-me a orar com paixão e guia-me em cada oração para que ela tenha o poder de transformar vidas.

Oro em nome de Jesus.

STORMIE

131
Ensina-me a ser agradável

*Que suas conversas sejam amistosas e agradáveis, a fim de que
tenham a resposta certa para cada pessoa.*
COLOSSENSES 4.6

Pai, arrependo-me diante de ti por estar agindo de
maneira arrogante nos últimos dias. Não sei por que,
mas tudo tem me irritado. Perdoa-me por ser res-
mungona e descontar meu mau humor nos outros,
especialmente em ti. *Jamais* foste grosseiro comigo.
Embora sejas firme, és sempre muito gentil e carinho-
so. Sei que não mereço tua maravilhosa compaixão
e, por isso, eu deveria ser muito mais agradável com
aqueles que nunca conseguiram me ofender tanto
quanto eu tenho te ofendido.

Senhor, muda meu coração. Livra-me de pensamentos negativos, palavras sarcásticas e atitudes ve-
nenosas. Enche-me com teus pensamentos puros,
com tuas palavras amáveis e com tua graça admirável
(Fp 4.8). Ajuda-me a ser agradável com todas as pessoas com quem eu me encontrar. Dá-me um pouco
mais de benevolência para conviver com as pessoas
mais próximas que me fazem perder a calma. Desejo
muito que minha vida abençoe especialmente essas
pessoas. Entrego-te meu coração e peço que substituas
a amargura dentro dele por uma fonte inesgotável de
tua esplêndida compaixão.

Oro em nome de Jesus.

PAIGE

132
Afasta-me dos relacionamentos destrutivos

Não faça amizade com os briguentos, nem ande com quem se ira facilmente, pois aprenderá a ser igual a eles e colocará a si mesmo em perigo.

PROVÉRBIOS 22.24-25

Senhor, tua Palavra diz que o bom amigo não é instável a ponto de não sabermos como ele vai agir de um dia para outro. Ajuda-me a nunca ser instável e a me afastar de pessoas que se comportem dessa maneira. Capacita-me a reconhecer imediatamente quando a pessoa costuma se mostrar zangada, negativa e destrutiva comigo, para que eu corte a amizade com ela. Ajuda-me a me livrar de todo relacionamento em minha vida que seja constantemente negativo.

Embora eu não seja capaz de controlar o modo como a outra pessoa me trata, com tua ajuda posso impedir que ela *continue* a me tratar mal. Mostra-me se tenho algum relacionamento destrutivo em minha vida e capacita-me a me distanciar disso. Ajuda-me a reconhecer que a pessoa que me faz sentir mal comigo mesma e com minha vida não faz parte de teu plano para mim.

Oro em nome de Jesus.

STORMIE

133

Volto para ti

*Afastei seus pecados para longe, como uma nuvem; dispersei suas
maldades, como a névoa da manhã. Volte para mim,
pois paguei o preço do seu resgate.*

Isaías 44.22

Pai, não sei onde tenho estado ultimamente, mas não tem sido contigo. Sei que não me abandonaste; fui eu que me afastei. Senhor Jesus, *volto* para ti. Declaro que, para mim, não há nada nem ninguém neste mundo além de ti. Obrigada porque, diferentemente do que ocorre com as outras pessoas, eu não preciso sequer me explicar a ti, porque *tu conheces*. Tu me recebes de volta de braços abertos e eu corro em direção a eles.

Tua Palavra diz que nada em toda a criação poderá me afastar de teu amor (Rm 8.39). Não preciso me esforçar para ganhar tua aprovação, porque eu jamais conseguiria conquistar teu amor; tu me deste esse amor gratuitamente por meio de Jesus Cristo. Sinto-me extasiada diante de ti e do que tens feito por mim. Quero ficar ao teu lado e buscar teu coração. Depois de caminhar a esmo durante muitos dias, volto para ti, meu lar.

Oro em nome de Jesus.

Paige

134
Identificando meu inimigo

Vistam toda a armadura de Deus, para que possam permanecer firmes contra as estratégias do diabo. Pois nós não lutamos contra inimigos de carne e sangue, mas contra governantes e autoridades do mundo invisível, contra grandes poderes neste mundo de trevas e contra espíritos malignos nas esferas celestiais.

EFÉSIOS 6.11-12

Amado Senhor, ajuda-me a sempre reconhecer que meu verdadeiro inimigo é teu inimigo, e que teu inimigo é meu inimigo. Ensina-me a vestir "toda a armadura de Deus", para que eu sempre tenha êxito em resistir aos planos do adversário para me destruir. Ajuda-me a pegar a espada do Espírito — que é a tua Palavra — e o escudo da fé, a fim de deter as flechas do diabo. Torna-me forte e vigilante em oração, porque o inimigo não descansa nunca.

Senhor, ajuda-me a não ver os outros como meus inimigos. Meus inimigos não são a garota malvada, nem meu chefe, nem um membro difícil da família nem outra pessoa ou grupo de pessoas — meu inimigo é o *maligno*. Ensina-me a resistir ao inimigo com adoração a ti e à tua Palavra e em oração, sabendo que ele fugirá de mim (Tg 4.7).

Oro em nome de Jesus.

STORMIE

135
À beira da rebelião

Fuja de tudo que estimule as paixões da juventude. Em vez disso, busque justiça, fidelidade, amor e paz, na companhia daqueles que invocam o Senhor com coração puro.

2Timóteo 2.22

Senhor, vou ser sincera contigo porque conheces meu coração. Sinto que estou prestes a me afastar de ti e fazer coisas que sei que não te agradariam. Sinto-me inquieta e rebelde neste momento, e estou começando a desejar as coisas deste mundo mais do que desejo a ti. *Perdoa-me*. Muda meu coração antes que eu cometa a tolice de passar para o outro lado. Lembra-me de como teus caminhos são belos e maravilhosos e que, se eu não estiver contigo, só encontrarei sofrimento aonde quer que vá.

Puxa-me de volta para ti e renova minha perspectiva, para que eu entenda que tuas promessas e bênçãos são derramadas sobre aqueles que te seguem. Disseste que comeremos o fruto de nossa conduta (Pv 1.31), e não sei o que será de mim se eu me afastar de ti e não virar as costas a esses desejos rebeldes. Tua Palavra diz que olho nenhum viu e ouvido nenhum ouviu o que tens preparado para aqueles que te amam (1Co 2.9). Escolho seguir-te.

Oro em nome de Jesus.

Paige

136

Aprendendo a orar primeiro

*Busquem, em primeiro lugar, o reino de Deus e a sua justiça,
e todas essas coisas lhes serão dadas.*

MATEUS 6.33

Senhor, tu sabes de tudo que necessito antes mesmo que eu e, mesmo assim, desejas que eu me apresente diante de ti e peça (Mt 6.8). Ajuda-me a me lembrar de orar primeiro, *antes* de tentar atender às minhas necessidades por conta própria. Ensina-me a buscar teu reino em minha vida antes de buscar outras coisas. Obrigada porque, quando faço isso, tu me concedes tudo de que preciso.

Ajuda-me a não me preocupar com a vida e o futuro. Ensina-me a lembrar que prometeste responder às minhas orações quando eu te buscar em primeiro lugar. Não quero ficar tão inquieta com as coisas materiais a ponto de me esquecer de recorrer a ti todos os dias e em todas as situações. Quando houver uma necessidade em minha vida, ajuda-me a te buscar em oração antes que a preocupação tome conta de mim. Agradeço porque sempre suprirás tudo de que necessito quando eu te pedir.

Oro em nome de Jesus.

STORMIE

137
É melhor estar contigo que em outro lugar

Quem mais eu tenho no céu senão a ti? Eu te desejo mais que a qualquer coisa na terra.

SALMOS 73.25

Meu queridíssimo Jesus, é bom demais poder me refugiar em ti. Obrigada porque estás sempre comigo, iluminando meu caminho. Por tua causa, encontro paz em qualquer situação, perspectiva em qualquer provação e alegria em qualquer sofrimento. Quando passo tempo contigo, todos os meus medos e preocupações desaparecem. Somente em tua presença me sinto realmente segura, aceita, completa. Meu coração sempre se sente plenamente vivo e compreendido. Tu me fazes lembrar quem realmente sou e, mais importante ainda, a quem eu pertenço.

Senhor, é melhor estar um dia em teus pátios do que mil em outro lugar (Sl 84.10). Posso me apresentar diante de ti desalinhada e vazia, porque tu me enches da maneira mais delicada e amorosa possível. Sabes como falar ao meu coração e como cativar minha alma. Este mundo não tem nada para mim — eu desejo estar contigo acima de tudo. És precioso para mim, Senhor. Eu te amo de todo o meu coração.

Oro em nome de Jesus.

PAIGE

138
Recusando que os outros definam quem eu sou

Tenham a mesma atitude demonstrada por Cristo Jesus.
FILIPENSES 2.5

Amado Senhor, agradeço porque me aceitas do jeito que sou, mas estás sempre me fazendo crescer e me mudando para ser mais semelhante a ti. Não quero que minha necessidade de ser aceita pelos outros me faça tomar decisões erradas. Ajuda-me a não permitir que os outros definam quem eu sou nem determinem como devo ser. Só tu, que me criaste, sabes quem devo ser. Capacita-me a ser verdadeiramente a pessoa que dizes que eu sou.

Ajuda-me a evitar os problemas que surgem quando tento viver de acordo com os padrões alheios, e não de acordo com os teus. Quero te buscar todos os dias e peço que me dês força e clareza de raciocínio. Ajuda-me a rejeitar tudo o que as outras pessoas dizem a meu respeito que não se alinham com o que *tu* dizes acerca de mim. Ensina-me a orar pelos outros que, evidentemente, não conhecem teus caminhos e querem prejudicar teu propósito para minha vida. Habilita-me a não permitir que minha fraqueza defina quem eu sou. É tua força que me define.

Oro em nome de Jesus.

STORMIE

139
Estou muito insegura

*Pois Deus não nos deu um Espírito que produz temor e covardia,
mas sim que nos dá poder, amor e autocontrole.*
2Timóteo 1.7

Senhor, meu coração é fraco. Tenho muito medo de que alguém abra a cortina e exponha tudo o que estou tentando esconder. Tu conheces tudo o que tenho passado até chegar a este ponto, conheces cada momento de mágoa e vergonha. Apresento-me diante de ti sem nenhum artifício e vulnerável, mas nada te surpreende, porque me já me conheces por inteiro. Quando olhas para mim, vês tua filha amada. Vês uma mulher de Deus, corajosa e segura, capaz de fazer qualquer coisa que pedires.

Tua Palavra diz que não sou dos que retrocedem e são destruídos, mas sou, sim, uma pessoa que crê e é salva (Hb 10.39). Se, por teu intermédio, morri para os princípios deste mundo, por que ainda ajo como se pertencesse a ele e me submeto às suas regras (Cl 2.20)? Declaro teu poder sobre minha vida e peço que purifiques qualquer parte de mim que ainda esteja presa aos padrões deste mundo. Lembra-me de quem eu sou e do valor que tenho.

Oro em nome de Jesus.

Paige

140

Orando com outras pessoas

*Também lhes digo que, se dois de vocês concordarem aqui
na terra a respeito de qualquer coisa que pedirem,
meu Pai, no céu, os atenderá.*

MATEUS 18.19

Senhor Jesus, disseste que onde se reunirem dois ou três em teu nome, tu estarás ali no meio deles (Mt 18.20). Desejo tua presença mais que tudo em minha vida, principalmente quando as pessoas oram juntas. Afirmaste que, se duas pessoas concordarem em oração a respeito de qualquer coisa, tu, Senhor, farás o que elas pedirem. Ajuda-me a encontrar uma ou mais parceiras com quem eu possa orar frequentemente. Com a promessa de tua presença e o poder dessas orações, somos irresistivelmente atraídas a fazer isso.

Dá-me a confiança que se origina do fato de te conhecer e de ser conduzida por teu Espírito, para que eu seja capaz de escolher uma pessoa com quem eu possa orar. Há muitas coisas pelas quais devemos orar, e não quero hesitar em pedir a alguém que ore comigo, só por ter receio disso. Dá-me coragem para fazer isso porque reconheço que todas as coisas são possíveis quando as pessoas oram juntas.

Oro em nome de Jesus.

STORMIE

141

Senhor, estou com medo

Não tenha medo, pois estou com você; não desanime, pois sou o seu Deus. Eu o fortalecerei e o ajudarei; com minha vitoriosa mão direita o sustentarei.

ISAÍAS 41.10

Pai, há certos medos que me perseguem constantemente. Alguns chegam a me paralisar, e outros me deixam confusa e estressada. Senhor, tua Palavra diz repetidas vezes: "Não tenha medo". Sei que não desejas que eu sinta medo. Em nome de Jesus, amarra o inimigo que tenta me levar cativa e me tornar receosa do que quer que seja. Sei que o poder que Satanás tem sobre mim é apenas aquele que eu permito que tenha. És mais forte que qualquer coisa que me cause medo. Contigo a meu lado, de quem terei medo (Sl 27.1)?

Jesus, teu discípulo Pedro, ao andar sobre as águas, só começou a afundar quando o vento soprou forte e ele começou a ter medo. Pai, não permitas que eu me submeta ao medo que me impede de seguir meu destino e me faz afundar no mar do desespero. Quando eu for dormir, acalma minha mente e enche-a com os pensamentos de amor e esperança que tens para mim. Dependo de ti.

Oro em nome de Jesus.

PAIGE

142
Tu és tudo de que necessito

*Deus, com seu poder divino, nos concede tudo de que necessitamos
para uma vida de devoção, pelo conhecimento completo daquele
que nos chamou para si por meio de sua glória e excelência.*
2PEDRO 1.3

Amado Senhor, sou eternamente grata porque não me deste apenas o privilégio de viver contigo por toda a eternidade, mas também me deste tudo de que necessito nesta vida. Ajuda-me a me lembrar disso quando eu duvidar de que proverás tudo para mim. Ensina-me a me apegar à verdade de que me deste tuas grandiosas e preciosas promessas (2Pe 1.4) e que, por meio delas, posso ser mais semelhante a ti e ver o poder de teu Espírito agindo em meu favor.

Perdoa-me pelas vezes que duvidei de tuas promessas para mim. Aumenta minha fé para crer em ti e não ter medo do futuro. Ajuda-me a meditar em tua Palavra, e não em minhas necessidades. Capacita-me a confiar completamente que és tudo de que preciso. Tu proverás tudo em meu benefício, a fim de que eu tenha a vida de poder e propósito que planejaste para mim, porque és o meu Deus.

Oro em nome de Jesus.

STORMIE

143

Senhor, salva meus amados

*Deus, nosso Salvador, [...] [deseja] que todos sejam
salvos e conheçam a verdade.*

1 TIMÓTEO 2.3-4

Pai, és bondoso demais. Obrigada porque, apesar de sermos pecadores e rebeldes, tu ainda desejas *de todo o coração* que aceitemos tua salvação. Jesus, sofro quando penso que entre meus queridos há quem não te conheça como Senhor e Salvador. A Bíblia diz que não queres que ninguém se perca, mas que todos cheguem ao arrependimento (2Pe 3.9). Elevo essas palavras a ti e peço que poupes meus amados. Perdoa-lhes a rebeldia e atrai-os para ti por meio do poder de teu Santo Espírito.

Peço, em nome de Jesus, que tua presença vá ao encontro dessas pessoas neste momento e agite seu coração. Peço que as busque de tal forma que não possam negar tua presença. Tua Palavra diz que Satanás cega os olhos dos descrentes para que não vejam a verdade de tuas boas-novas (2Co 4.4). Senhor, *desvenda os olhos dos meus queridos* e rompe a escuridão com tua luz. Destrói a fortaleza na qual o inimigo os prendeu e transforma radicalmente a vida deles. Entrego meus amados em tuas mãos amorosas.

Oro em nome de Jesus.

PAIGE

144

Aceitando o momento

Pois estas aflições pequenas e momentâneas que agora enfrentamos produzem para nós uma glória que pesa mais que todas as angústias e durará para sempre. Portanto, não olhamos para aquilo que agora podemos ver; em vez disso, fixamos o olhar naquilo que não se pode ver. Pois as coisas que agora vemos logo passarão, mas as que não podemos ver durarão para sempre.

2CORÍNTIOS 4.17-18

Amado Senhor, todas as vezes que eu for tentada a sentir medo ou insegurança a respeito do futuro, ajuda-me a lembrar que estás comigo (Fp 4.13). Quando eu me sentir em pânico por causa de uma situação que estiver acontecendo em minha vida, ou que tiver *possibilidade* de acontecer, capacita-me a aceitar o momento com a certeza de que estás ali. Ensina-me a não fixar os olhos naquilo que vejo e que é transitório. Quero me concentrar nas coisas que não vejo, pois elas são eternas.

Ajuda-me a lembrar — mesmo quando minha vida estiver particularmente difícil — que supres tudo de que necessito para viver o momento em que me encontro. Quando as coisas não acontecerem do jeito que esperei ou planejei, abre meus olhos para as bênçãos que estão diante de mim (Pv 20.13).

Oro em nome de Jesus.

STORMIE

145
Problemas com amigos

No que depender de vocês, vivam em paz com todos.
ROMANOS 12.18

Pai, apresento diante de ti minha amizade com essa pessoa com quem venho tendo problemas ultimamente, pois eu a prezo muito. Peço que me abras os olhos para entender a posição dela, o que está passando e o que mais necessita neste momento. Dá-me discernimento mediante teu Espírito para eu saber como posso abençoá-la. Revela-me se procedi mal com ela e ajuda-me a pedir-lhe perdão humildemente. Tua Palavra diz que devo me reconciliar com ela *antes* de entrar em tua presença em adoração (Mt 5.23-24).

Senhor, peço que removas as sementes de amargura que se desenvolveram em mim em razão de palavras ou atos que me magoaram profundamente. A Bíblia diz que não devo ser sensível demais às palavras que as pessoas dizem, porque muitas vezes eu também falo mal dos outros irrefletidamente (Ec 7.21-22). Ajuda-me a não abandonar as pessoas quando eu for ofendida e a não ser precipitada em romper meu relacionamento com elas. Permite que eu ame e aceite os outros da mesma forma como *tu* me amas e me aceitas.

Oro em nome de Jesus.

PAIGE

146
Orando por meu país

Se o meu povo, que se chama pelo meu nome, humilhar-se e orar,
[...] eu os ouvirei dos céus, perdoarei seus pecados e restaurarei
sua terra.

2Crônicas 7.14

Senhor, oro para que abençoes minha nação. Levanta líderes sábios e piedosos, cuja prioridade e preocupação se concentrem no bem-estar do povo, e que ajam corretamente, para que possamos viver em paz, de acordo com o que prometeste em tua Palavra (1Tm 2.1-2). Há muitas coisas no mundo e em meu país que me deixam ansiosa e com medo, mas disseste que devo orar por tudo o que me causa preocupação e que, se eu fizer isso, tu guardarás meu coração e minha mente (Fp 4.6-7). Mostra-me como devo orar de maneiras específicas.

Peço que derrames teu Espírito sobre este país inteiro, principalmente sobre a cidade onde moro. Expõe o mal e retira-o de nosso meio. Derruba os líderes corruptos do poder. Protege-nos dos planos do inimigo de nos fazer mal. Afasta de nós o perigo, a calamidade e a violência.

Oro em nome de Jesus.

STORMIE

147
Senhor, envia-me uma mentora

Como o ferro afia o ferro, assim um amigo afia o outro.
PROVÉRBIOS 27.17

Senhor, há muita coisa acontecendo em minha vida que eu gostaria de compartilhar com uma pessoa mais velha e mais experiente. Tua Palavra é o alicerce de minha vida; porém, meu coração deseja ardentemente a companhia de uma mulher piedosa que já tenha vivido o que estou vivendo neste momento. Adoraria que alguém se sentasse ao meu lado e compartilhasse sua história comigo, a fim de que eu extraia exemplos para minha vida.

A Bíblia sempre diz que o sábio ouve conselhos e aceita instruções (Pv 19.20). Tua Palavra também confirma que nossos planos fracassarão por falta de conselho, mas serão bem-sucedidos quando houver muita orientação (Pv 15.22). Pai, podes trazer uma mentora piedosa para minha vida? Podes me unir a uma mulher disposta a investir em mim, a me desafiar e a acreditar em mim? Acima de tudo, peço que envies uma mentora cujo coração esteja em sintonia com o teu. Oro para que eu possa ser uma bênção para ela, e ela para mim. Obrigada desde já por sua escolha cuidadosa.

Oro em nome de Jesus.

PAIGE

148
Libertando-me dos vícios

"Tudo me é permitido", mas nem tudo convém. "Tudo me é permitido", mas não devo me tornar escravo de nada.

1Coríntios 6.12

Senhor, se houver algo em minha vida com grandes possibilidades de se transformar em vício, oro para que me capacites a me livrar disso. Ajuda-me a não me envolver com nada que possa me prejudicar. Não quero seguir a multidão ou a voz do inimigo, nem quero usar nenhum tipo de substância nociva para me sentir melhor em vez de confiar em ti para ter uma vida plena. Sei que o uso de qualquer coisa que altere meu humor pode me levar a cair na armadilha da ilusão que me afastará de tudo o que planejaste para mim.

Leva embora toda tendência em mim de ter uma personalidade voltada para o vício, inclusive por relacionamentos prejudiciais ou compulsão alimentar. Não quero que a comida ocupe em mim o vazio que só pode ser preenchido com tua presença. Ajuda-me a resistir a coisas que talvez não sejam essencialmente prejudiciais, mas que não são boas para mim.

Oro em nome de Jesus.

STORMIE

149

Oração por uma amiga suicida

Ele lhes enxugará dos olhos toda lágrima, e não haverá mais morte, nem tristeza, nem choro, nem dor. Todas essas coisas passaram para sempre.

APOCALIPSE 21.4

Senhor, submeto a vida de minha amiga a ti neste momento. Meu coração está profundamente angustiado e preocupado com ela. O inimigo está tomando conta dela, atormentando-a com depressão e tentando levá-la ao suicídio. Em nome de Jesus, peço que libertes minha amiga do plano de Satanás para destruí-la. Envia teus anjos para lutar por ela e protegê-la nesta batalha por sua alma e vida. Tua Palavra diz há esperança para todos os que vivem (Ec 9.4)! Neste momento, eu declaro vida, esperança e um futuro para minha amiga.

Tu estás perto dos que têm o coração quebrantado e resgatas os de espírito oprimido (Sl 34.18). Jesus, morreste e venceste a sepultura para que pudéssemos *viver*! Deste a todos os que creem uma esperança que não falhará (Pv 23.18): um lindo relacionamento contigo na terra e uma eternidade no céu com o Pai. Sopra essa vida e esperança em minha amiga neste instante. Espírito Santo, *salva*-a!

Oro em nome de Jesus.

PAIGE

150
Ajuda-me a entender a Bíblia

Tua palavra é lâmpada para meus pés e luz para meu caminho.
SALMOS 119.105

Senhor, sei que tua Palavra é alimento para minha alma, e necessito dela como necessito de alimento para meu corpo. Às vezes, porém, é difícil entender a Bíblia. Ajuda-me a lê-la todos os dias e a compreender verdadeiramente o que desejas me ensinar. Meu coração está aberto a tudo o que pretendes me mostrar, e não quero perder nada que eu deva saber. Que as palavras adquiram vida para mim e que eu entenda seu verdadeiro significado.

Não quero apenas ler tua Palavra; quero fazer o que ela diz. Mas sei que não alcançarei isso de modo perfeito sem tua ajuda. Capacita-me a reagir com um coração obediente. Obrigada porque tua Palavra é viva e poderosa e julga os pensamentos e desejos mais íntimos (Hb 4.12). Mostra-me em tua Palavra como ser a pessoa que planejaste para mim. Agradeço-te porque todo aquele que confiar em ti e obedecer à tua Palavra terá uma vida feliz (Pv 16.20). Quero isso para meu futuro.

Oro em nome de Jesus.

STORMIE

151

Fazendo as pazes com os pais

*Vocês, que são mais jovens, aceitem a autoridade dos presbíteros.
E todos vocês vistam-se de humildade no relacionamento uns com
os outros.*

1PEDRO 5.5

Pai celestial, apresento diante de teu trono o relacionamento que tenho com meus pais. Tu conheces cada detalhe de minha vida — todas as vezes que eles agiram mal comigo e eu agi mal com eles. Entrego meu sofrimento e raiva a ti, pedindo que teu Espírito me dê força para perdoar. A Bíblia diz que minha glória é ignorar as ofensas (Pv 19.11); por isso, quero fixar os olhos em *ti*, e não na maneira como fui ofendida. Dá-me um coração que trate meus pais com imensa compaixão e ajuda-me a honrá-los, pois sei que tua Palavra diz que esse é o primeiro mandamento com promessa (Ef 6.1-3).

Senhor, peço que cures as feridas que meus pais porventura tenham; restaure-os completamente a ti. Por favor, fala à alma deles sobre os assuntos que precisamos resolver. Abranda o coração de cada um de nós e convence-nos de que podemos nos unir e ser lindamente reconciliados. Pai, ouve o clamor de meu coração.

Oro em nome de Jesus.

PAIGE

152
Adorando a Deus como ele deseja

Sim, eles conheciam algo sobre Deus, mas não o adoraram nem lhe agradeceram. Em vez disso, começaram a inventar ideias tolas e, com isso, sua mente ficou obscurecida e confusa.

ROMANOS 1.21

Senhor, há numerosas razões para te louvar, e não quero esquecer nenhuma. Quero te adorar por *tudo* o que tu és. Louvo-te porque és meu Pai celestial e me amas incondicionalmente. Adoro-te como o Criador e Senhor de tudo. Não há outro Deus além de ti. Adoro-te como o Deus de amor, alegria, paz, misericórdia e verdade. Louvo-te porque tua Palavra é infalível e és o mesmo hoje, ontem e eternamente. Eu te agradeço porque tu e tua Palavra são imutáveis e posso sempre contar com isso.

Obrigada por enviares teu Filho, Jesus, para morrer por mim, a fim de que eu fosse perdoada e pudesse passar a eternidade contigo. Obrigada, Jesus, por seres meu terapeuta, meu libertador, meu provedor. Obrigada por enviares teu Santo Espírito para habitar em mim e ser meu conselheiro e orientador. Sou grata porque nunca me deixarás nem me abandonarás.

Oro em nome de Jesus.

STORMIE

153
Quero ser luz

Vocês são a luz do mundo. [...] suas boas obras devem brilhar,
para que todos as vejam e louvem seu Pai, que está no céu.
MATEUS 5.14-16

Senhor, colocaste tua luz em mim para eu brilhar neste mundo escuro. Não me chamaste para esconder minha luz dos outros — tua Palavra diz que ninguém deve acender uma lâmpada e escondê-la debaixo de uma vasilha (Mt 5.15). Ao contrário, tu me deste esta luz para que eu a fizesse *brilhar* e a levasse aos lugares mais tenebrosos deste mundo.

A Bíblia afirma que és a luz do mundo e que quem te segue nunca andará em trevas, mas terá a luz da vida (Jo 8.12). Obrigada porque, por ser tua, nunca serei surpreendida pela escuridão. Posso andar corajosamente no meio dela, mas nunca serei envolvida por ela. A luz dentro de mim é tua própria presença, e nada poderá se levantar contra esse poder. Faz brilhar tua salvação, teu amor e tua verdade por meu intermédio, para que o mundo fique cego a tudo, menos a *ti*.

Oro em nome de Jesus.

PAIGE

154
Transformando minha vida

Pois o Senhor é o Espírito, e onde está o
Espírito do Senhor, ali há liberdade.
2Coríntios 3.17

Senhor, sou muito grata a ti porque és constante e imutável. Obrigada porque teu Espírito em mim também é constante e imutável. Obrigada porque, onde teu Espírito está, há beleza. Todas as vezes que olho para ti, sou transformada por teu Espírito segundo a tua imagem — com glória cada vez maior (2Co 3.18). Ajuda-me a refletir sempre tua beleza. Livra-me de olhar para qualquer coisa que apague o brilho de tua glória em mim.

Ajuda-me a valorizar tua presença em minha vida mais que qualquer outra coisa. Não quero fazer nada que impeça a obra transformadora que desejas realizar em mim. Quando eu olhar no espelho, quero ver tua imagem refletida nele. Quando outras pessoas olharem para mim, quero que vejam teu brilho radiante. Agradeço porque tens o poder de me libertar de qualquer coisa que venha a me afastar de tudo o que tens para mim.

Oro em nome de Jesus.

Stormie

Obras da mesma autora:

30 dias para tornar-se uma mulher de oração
A Bíblia da mulher que ora
A oração que faz Deus sorrir
Bom dia! – Leituras diárias com Stormie Omartian
Bom dia! 2 – Leituras diárias com Stormie Omartian
Conversa com Deus
Dez minutos de oração para transformar sua vida
Escolha o amor – E mude o curso de sua vida
Escolha o amor – Livro de orações
Eu sempre falo com Deus sobre o que sinto
Guerreiras de oração
Guerreiras de oração – Guia de estudo
Guerreiras de oração – Livro de orações
Guia-me, Espírito Santo
Minha Bíblia de oração
Minha história de perdão e cura
Minutos de oração para a mulher de fé
O diário da mãe que ora
O milagre do Natal
O poder da avó que ora
O poder da criança que ora
O poder da esposa que ora
O poder da esposa que ora – Livro de orações
O poder da esposa que ora – Mensagens de fé
O poder da fé em tempos difíceis
O poder da mãe que ora
O poder da mulher que ora
O poder da mulher que ora – Livro de orações
O poder da nação que ora
O poder da oração no casamento
O poder da oração para uma vida feliz
O poder da oração que domina o medo
O poder de orar
O poder de orar a vontade de Deus
O poder de orar juntos
O poder de orar pelos filhos adultos
O poder de orar pelos filhos adultos – Livro de orações

O poder de uma vida de oração – Livro de orações
O poder do adolescente que ora
O poder do marido que ora
O poder dos avós que oram
O poder dos pais que oram
O poder transformador da oração
O que acontece quando eu falo com Deus?
O que Jesus disse
O segredo da saúde total